आपका व्यवहार बच्चों की प्रगति में रुकावट तो नहीं?

How Your Personality Makes or Breaks Your Child

समझें, क्यों और कैसे!

डॉ. चयनिका सिंह

पीएच.डी. (मनोविज्ञान)

अभिभावक एवं बाल सलाहकार

हिन्दी अनुवाद : बी.बी. सिन्हा

प्रकाशक
यूनीकॉर्न बुक्स

F-2/16, अंसारी रोड़, दरियागंज, नई दिल्ली-110002
23275434, 23262683, 23250704 • 011-23257790
ई-मेल: info@unicornbooks.in • वेबसाइट: www.unicornbooks.in

शाखा : मुम्बई

23-25, जाओबा वाड़ी, ठाकुरद्वार, मुम्बई-400002
022-22010941, 022-22053387
ई-मेल: rapidex@bom5.vsnl.net.in

ISBN: 978-81-7806-386-7

संस्करण : 2016

मुद्रक: परम ऑफसेटर्स, ओखला, नई दिल्ली-110020

अनुक्रम

भूमिका

बचपन की कुछ यादें अब भी मेरे दिमाग में ताजा हैं जिन्हें मैं फिर से याद करने से खुद को नहीं रोक सकती हूँ। मैं फुर्सत के तमाम क्षणों को अपने घनिष्ठ संगी-साथियों के साथ उछल-कूद में बिताया करती थी। गर्मियों के उन आनन्दमय दिनों को, जो हमारे जीवन के सर्वोत्तम खुशनुमा दिन थे, हम कभी भूलना नहीं चाहते थे। फिर भी मेरे मन में शंका रहती थी कि सब कुछ सही नहीं है, मैं खुद से सवाल करती थी कि क्या हम सब वास्तव में खुश है? हम में से प्रत्येक का जीवन क्या सचमुच परिपूर्ण है?

उस अपरिपक्व उम्र में भी मेरे मन में इन प्रश्नों का उत्तर स्पष्ट रूप से 'ना' था। मेरा एक मित्र, जिसका नाम काका था, मुझे याद है। वह एक निहायत शरीफ एवम् सुशील लड़का था। उसके शांत एवम् सरल स्वभाव के कारण हम सब उसे चिढ़ाने लगे थे। एक दिन, जब हम सब एक मैदान में साथ-साथ बैठे थे, मैंने देखा कि वह एक लाइन में जाती हुई चींटियों को मार रहा था। मैंने उसे डाँटा—उन निरीह चींटियों को क्यों मार रहे हो? उसने मन में भरी कड़वाहट को उगलते हुए तपाक से कहा—इतने

अनुशासनबद्ध होकर एक लाइन में चलने के कारण इन चीटियों से मैं घृणा करता हूँ।"

इतना कह कर वह चीटियों को मारने में लगा रहा—जिसे देखकर मैं अवाक् हो गयी।

उसकी इस कड़वाहट भरी मानसिकता से सम्बन्धित एक अन्य घटना मुझे तुरन्त याद आ गयी। एक दिन समय ज्यादा होने के बावजूद बेपरवाह हम देर शाम तक खेलते रहे—तभी काका की माँ अचानक आ धमकी और जब तक हम सब कुछ समझें उसके पहले ही दो जोरदार तमाचा अपने बेटे के गाल पर जड़ दिया। हम सभी डर के मारे जड़वत् हो गए। काका की गाल चोट से लाल हो गयी। उसके बावजूद उसने न एक शब्द बोला, न एक आँसू बहाया। वह चुपचाप अपनी माँ के साथ घर चला गया। तमाचों की चोट से हजारों गुणा ज्यादा वेदना उसे अपमान से हुयी होगी। उस दिन के बाद वह कई दिनों तक स्कूल में किसी से भी बात तक नहीं करता था। उसकी ऐसी स्थिति के लिए मुझे बहुत दुख महसूस हो रहा था। बल्कि दुख से कहीं ज्यादा उसके माता–पिता पर अत्यधिक क्रोध आ रहा था जिनके बुरे बर्ताव के कारण एक अच्छे बच्चे पर बुरा प्रभाव पड़ता होगा। मेरे मन में स्वत: प्रश्न उठा कि—"इस प्रकार के अनुशासनहीन व्यवहार से एक माँ कैसे अपने बच्चे को अनुशासित जीवन का पाठ पढ़ा सकती है?"

अपने माता–पिता के ऐसे व्यवहार के कारण जैसे–जैसे साल बीतते गए, वैसे–वैसे काका और अधिक चिड़चिड़ा होता गया एवम् वह अंतरमुख होता गया। वह किसी से भी मन की व्यथा नहीं बाँटता था। उसके माता–पिता को लगा कि उसे बाहर स्कूल के हॉस्टल में भेजने से उसकी मानसिकता में बदलाव आयेगा। अत: वह हॉस्टल भेज दिया गया। जब वह छुट्टियों में घर आया, तो काफी खुश लग रहा था। एक दिन उसने अपना एक भेद मुझे बताया, जिसे सुन कर मैं जान गयी कि वह मधुर एवम् सीधा–साधा लड़का, जिसे हम सभी प्यार करते थे, कितना खतरनाक लड़का बन गया है। उसने अपना रहस्योदघाटन किया कि वह हाल ही में बम बनाना सीख गया है। उसने विधि बताते हुए कहा कि बम बनाना बहुत ही आसान था और उसका धमाका करने पर बहुत मजा आता है। अब मैं समझ गई थी कि मैंने हमेशा के लिए एक अच्छा दोस्त खो दिया है।

अपने मन की व्यथा को बाँटने के लिए मैंने अपनी सबसे अच्छी दोस्त 'सिमरन' से बात की। मैंने काका की कही हुई सभी बातें उसे बताई और उसके माता–पिता के प्रति अपनी नाराजगी भी जाहिर की। मैंने सिमरन से पूछा भी कि क्यों एक माता–पिता अपने कठोर व्यवहार से काका जैसे सरल बच्चे को क्रूर राक्षस बना देते हैं? मैं आश्चर्यचकित हो गई जब यह सब सुनकर सिमरन रो पड़ी। रूलाई के मारे वह एक शब्द भी नहीं बोल पा रही थी। मुझे आश्चर्य इसलिए

हो रहा था क्योंकि सिमरन एवं काका के बीच घनिष्ठता भी नहीं थी। अत: उसके रूलाई का कारण मैं नहीं समझ पा रही थी। जब उसका रोना बन्द हुआ तब मैंने उससे कारण जानना चाहा। शुरू में सिमरन कारण बताने से परहेज कर रही थी, लेकिन मैंने सहानुभूति पूर्ण बातों से कुरेद कर उससे रोने का राज जान लिया। सिमरन अपने माता पिता की परस्पर अनबन से परेशान थी। उसे लग रहा था कि उसके माता–पिता अब एक दूसरे को प्यार नहीं करते हैं एवम् हर समय एक दूसरे से लड़ते रहते हैं। जिसके कारण वह हमेशा असहज महसूस करती थी, घर में रहना नहीं चाहती थी, इस डर से कि वे उसे एक-दूसरे से संवाद करने के लिये मध्यस्थ के रूप में प्रयोग करेंगे। इस अनुभव को मैंने डायरी में कुछ यूँ लिखा—ऐसे अच्छे बच्चों को इस प्रकार के क्रूर माता–पिता क्यों मिल जाते हैं।

घर लौट कर मैं इस घटना पर विचार करने में लग गई। इन घटनाओं पर गहन विचार में मैं बहुत देर तक खो गई। मैंने पाया कि अपने निकटतम दोस्तों की मानसिक स्थिति से मैं अत्यन्त अनभिज्ञ थी। मैं कल्पना करने लगी कि स्कूल के मेरे सहपाठी किन परिस्थितियों से अपने–अपने घरों में दो–चार होते होंगे। काका के माता–पिता की तरह ही अन्य बच्चों के अभिभावकों की सच्चे प्रयासों से अपने बच्चों का भला करने की मंशा के बावजूद उल्टा परिणाम क्यों हो जाता है? उसी दिन मैंने तय कर लिया कि मैं काका जैसे किसी अन्य बच्चे को बर्बाद नहीं होने दूँगी। मैंने मनोविज्ञान

विषय को लेकर आगे पढ़ने का निर्णय लिया जिससे कि मैं बच्चों की इन समस्याओं को समझ सकूँ कि कैसे इनके माता–पिता अनजाने में बच्चों की मानसिक अवस्था में गड़बड़ी का कारण बन बैठते हैं। इस पुस्तक के माध्यम से मैंने प्रयास किया है कि मैं इन समस्याओं का कारण जान सकूँ एवम् इसका निदान करने में सफल हो सकूँ।

कोलकाता में वर्षों तक बच्चों के मनोवैज्ञानिक इलाज के दौरान अनेक अजीबो–गरीब समस्याओं से दो–चार होने के कारण मुझे काफी अनुभव प्राप्त हुआ जिससे मेरी जिज्ञासा और अधिक तीव्र हुई। तरह–तरह की समस्याओं वाले बच्चों के इलाज से मुझे बच्चों एवम् उनके माता–पिता के बीच मानसिक द्वन्द्व के कारणों को समझने का मौका मिला। इस दौरान हर केस के इलाज के दौरान अपने दोस्त काका की याद आती रही जो मुझे बच्चे-उनके अभिभावक के द्वन्द्व की गुत्थी सुलझाने के लिए और अधिक प्रेरित करती रही। मुझे महसूस होता था मानो काका मेरे कान में कह रहा हो— “इतनी देर क्यों की? मेरे माता पिता यहां क्यों नहीं है” तब मैंने ऐसे केसेज़ के माध्यम से पारिवारिक द्वंद्वों की तह तक जाने का निश्चय किया।

बच्चे अपने शैशव काल से ही कच्ची मिट्टी के समान होते हैं जिसे कुम्हार मनचाहे आकार में ढ़ालता है। उसी प्रकार माता–पिता की अहम् भूमिका होती है अपनी संतान को एक अच्छे इन्सान के गुणों से परिपूर्ण करने के लिए। फिर भी मैंने अपने जीवन में ‘काका’ जैसे अनेक बच्चे देखे हैं

जिनके माता-पिता का अवांछनीय व्यवहार उन्हें बम बनाने जैसे कामों में लगा देता है। काका एवम् सिमरन की यादें हमेशा मेरी पीछा करती हैं जिसके कारण वैसे बच्चों की मदद करने की मुझे लगातार प्रेरणा मिलती रहती है। उन्हीं के हालात से मुझे यह मानना पड़ा है कि माता–पिता की प्रारंभिक जिम्मेदारी होती है कि वे अपने बच्चों को जीवन में सच्ची एवम् सही दिशा दें। क्या यह सच नहीं हैं?

यह सही है कि कोई भी माता–पिता जानबूझ कर बच्चे को गलत रास्ते पर नहीं ढकेलता है, लेकिन बच्चों की सही देखभाल करना खुद–ब–खुद स्वाभाविक रूप से किसी माता–पिता को विरासत में नहीं मिलता है—यह एक कला है जिसे आत्मज्ञान व सहानुभूति की चक्की पर घिसकर संपूर्ण बनाना पड़ता है। बच्चों के मानसिक अध्ययन के अपने लंबे अनुभव में मैंने देखा है कि माता–पिता के अपने चरित्र का बच्चों के रहन–सहन पर बहुत प्रभाव पड़ता है। फिर भी अभिभावक समझने में चूक जाते हैं या जानबूझ कर झुठलाते हैं कि उनके गलत व्यवहार का अत्यंत बुरा प्रभाव उनके बच्चों पर होता है। अनेक अभिभावक अपने निश्छल स्वभाव के बच्चों में नकारात्मक भावनाओं के पैदा करने की गलती अनजाने में कर बैठते हैं। कोई भी माता–पिता अपने होश–हवास में अपने बच्चे के जीवन को अंधेरे के गर्त में नहीं ढकेल सकता है, परन्तु अफसोस की बात है कि अनेक अभिभावक खुद के दोषपूर्ण व्यवहार से अनजान होते हैं जिसके कारण उनके व्यवहार बच्चों के सही विकास में

बाधक हो जाते हैं जो उनके भविष्य में अत्यंत दुष्प्रभाव का कारण बनते हैं। माता–पिता को बच्चों के सामने सही व्यवहार करना चाहिए, क्योंकि बच्चे अपने माता–पिता के अवगुण युक्त व्यवहार का तेजी से अनुसरण/नकल करना सीख जाते हैं। सद्‌गुणों की अपेक्षा माता–पिता के आक्रामक व्यवहार बच्चों में भी आक्रामकता पैदा कर देते हैं। बाद में बच्चों में उत्पन्न आक्रामक व्यवहार अपने माता पिता पर भी भारी पड़ जाते हैं और वे अपने बच्चे के आगे विवश हो जाते हैं। मैंने अपने व्यवसाय में महसूस किया है कि अक्सर माता–पिता अपने बच्चों में विद्यमान खूबियों को पहचानने में चूक जाते हैं, लेकिन उनकी कमियों को ही उजागर करने की गलती करते हैं। उनकी खूबियों की तारीफ करने एवम् बढ़ावा देने से रह जाते हैं। इस समस्या का निदान अभिभावक अपनी खुद की कमियों एवम् बच्चों की तकलीफों को गहराई से समझ कर कर सकते हैं।

माता–पिता की खुद की मानसिकता उनके व्यवहार में परिलक्षित होती है। उनके व्यवहार एवम् अंदरूनी मानसिकता में गहरा संबंध होता है। उसी का प्रभाव उनके अपने बच्चों से किए गए व्यवहार पर पड़ता है। यह जान लेना अहम् है कि माता–पिता की खुद की समस्याएँ उनके बच्चों की समस्याओं से जुड़ी होती हैं। इस दोहरी समस्याएँ से जूझने के भय का जब माता–पिता को एहसास होता है तो वे बच्चे की नजरिए के बजाय खुद की सोच के हिसाब से समाधान करने की कोशिश करते हैं। यह एक अफसोसनाक

स्थिति होती है जो एक भयावह सच्चाई के रूप में प्रकट होती है। जब कोई पेड़ के डाल को ठीक करना चाहे और भूल जाए कि समस्या पेड़ के जड़ में है—तो उसका कुछ भला नहीं होने वाला है। इसी प्रकार माता–पिता के लिए बच्चों के द्वारा झेली गई कठिन परिस्थिति को उनके नजरिए से देखने–समझने की जरूरत है—न कि उन बच्चों पर दोष मढ़ा जाए।

अपने व्यावसायिक अध्ययन में जैसे–जैसे मैं माता–पिता की अपनी समस्याओं को समझने लगी वैसे–वैसे अपने बचपन के दोस्त काका के गलत रास्ते पर जाने के लिए उसके माता–पिता के प्रति मेरे मन में उत्पन्न कड़वाहट कम होने लगी। ऐसा प्रतीत होने लगा कि काका के माता–पिता के व्यक्तिगत जीवन की समस्याएँ उनके व्यवहार को प्रभावित कर रही थी जिसके कारण अनजाने में उनके निश्छल स्वभावी बच्चे के जीवन में अवांछनीय परिवर्तन हुआ। वह दुर्भाग्य से अपराध–कर्म में लिप्त हो गया। बच्चे की समस्याओं को सुलझाने की कोशिश में वैसे माता–पिता अत्यंत बेवकूफी कर बैठते हैं—यह देखकर मुझे काफी निराशा हुई। माता–पिता का उनके गलत व्यवहार से उनके बच्चे पर पड़ने वाले कुप्रभाव के प्रति अनभिज्ञता की स्थिति मेरे लिए एक सीख थी। माता–पिता अक्सर कहते हैं कि उनका बच्चा अभी बहुत छोटा है और कुछ समझ सकने में अक्षम है। परन्तु यह उनकी गलती है। बच्चे अपनी छोटी

उम्र के बावजूद अपने परिवेश की घटनाओं के प्रति अत्यंत संवेदनशील होते हैं और यही माता–पिता गलती कर बैठते हैं। कच्ची उम्र के बावजूद बच्चे सीखने और समझने की क्षमता में किसी से कम नहीं होते हैं। इसी प्रकार अच्छी सीख देने में बच्चे की कोई भी उम्र कम नहीं होती है। इस पुस्तक में ऐसे अनेक अजीबो गरीब वाकयात् माता–पिता की आँखें खोल देंगे। ज्यादातर वाकयात् एक ही प्रकार के हैं जिसमें सारी समस्या की जड़ में माता–पिता की अपनी कमी होती है—जैसे उनका क्रोध, हठधर्मिता, चिंता, अनुशासनहीनता, आदि।

अभिभावको! होशियार हो जाओ—आपके बच्चों के उज्जवल भविष्य की कुंजी आपके खुद के पास है—आप किस प्रकार बच्चों के सामने खुद को पेश करते हैं यह आप पर निर्भर करता है।

यह सर्वविदित है कि बच्चे अपने माता–पिता को अपना आदर्श मानते हैं। बच्चे अपने परिवेश से प्रभावित होते हैं तथा उनके माता पिता इस परिवेश की पहली कड़ी के रूप में होते हैं। अत: यह अति आवश्यक हो जाता है कि माता–पिता अपने बच्चों के सामने अपनी सही छवि प्रस्तुत करें। अधिकतम घरों में बच्चे के पैदा होने को ही शादी की सफलता माना जाता है। बचपन एक व्यक्ति के जीवन का अत्यंत महत्वपूर्ण काल होता है जब उसका सर्वांगीण विकास एवं व्यक्तित्व का निर्माण होता है। माता–पिता का सही

मार्गदर्शन बच्चों के आचरण को तय करता है। पालन–पोषण एवम् सही देखभाल बच्चे के व्यवहार के हरेक आयाम में परिलक्षित होता है।

जब बच्चों की परवरिश का तरीका, जो माता–पिता अपनाते हैं, उनके सामान्य मानसिक विकास में मददगार होने के अनुरूप नहीं होता है तो उसका असर उनके व्यवहार/आचरण में समस्या पैदा करता है। बच्चों के पालन पोषण का तरीका उनकी मानसिकता तय करने में अहम भूमिका निभाता है।

अक्सर देखा गया है माता–पिता की अपने बारे में गलत धारणा कि वे ही हमेशा सही सोचते और जानते हैं, उनके बच्चों के ऊपर अनुचित दबाव डालता है या उनसे अनुचित अपेक्षा की आशा करता है। इसके कारण अपने माता–पिता के प्रति बच्चों के मन में नकारात्मक भाव पैदा होता है।

माता–पिता के व्यक्तित्व की खासियत एवम् उनके द्वारा बच्चे की देखभाल का तरीका पालन–पोषण को प्रभावित करता है। खास कर के माँ की भूमिका अहम होती है। माता–पिता के खुद के जीवन का अनुभव और उससे उत्पन्न धारणाएँ उनकी खूबियों या कमजोरियों का निर्धारण करती हैं।

माता–पिता के सही पालन–पोषण की विषमताएँ, हार्दिक लगाव, देखभाल, प्रशंसात्मक बढ़ावा, आदि होती हैं, जब कि बच्चों को हतोत्साहित करना, अनदेखा करना, खुद

का विचार उन पर लादना, या दण्ड देना, आदि नकारात्मक बातें गलत पालन–पोषण का तरीका होता है। विचारों का आपसी आदान–प्रदान भी बच्चों की अच्छी देखभाल की गुणवत्ता को बढ़ाता है। अभिभावक के अन्दर मानसिक क्षोभ, क्रोध आदि बच्चों के विकास में बाधा उत्पन्न करता है तथा उनमें मानसिक समस्याएँ पैदा करने का मुख्य कारण होता है। बच्चे एवम् उसके माता–पिता के बीच समस्याओं के अध्ययन के दौरान मैंने पाया कि पारिवारिक कलह के कारण पत्नी का मानसिक उत्पीड़न, एवम् पति का क्रोधी स्वभाव उनके बच्चे के व्यवहार में समस्याओं को जन्म देने का सबसे विशिष्ट कारण होता है। आचरण में समस्या से ग्रसित बच्चों के माता–पिता के बीच क्रोध एवम् आक्रामकता का स्तर काफी अधिक पाया जा सकता है। क्रोधी पिता के आचरण से बच्चा प्रभावित होकर क्रोध का अक्सर प्रदर्शन करके अपने पिता के स्वभाव का अनुसरण करता है। अनेक माता–पिता ऐसे हैं जो शारीरिक समस्याओं को पैदा करने वाली मानसिक व्याधि से ग्रसित हो जाते हैं जिसके कारण पारिवारिक माहौल की आत्मीयता नष्ट हो जाती है तथा बच्चे अपने माता–पिता से भावनात्मक लगाव होने से वंचित रह जाते हैं।

कई माता–पिता ने एक रहस्य/राज की बात बताई कि वे खुद के मन में वर्तमान विषाद से निजात पाने के लिए दिखावटी प्रसन्नता का सहारा लेते हैं—जैसे, बाहरी दुनिया

की बातों में आनन्द लेने की प्रवृत्ति, शराब–पार्टी में भाग लेने, बेवजह बाजार में खरीददारी करने का फितूर, जुआ खेलने आदि में अपनी मनोव्यथा को छिपाते हैं। इस प्रकार के लोग पास–पड़ोस के लोगों से मिलने जुलने के बजाय खुद की दुनिया में सीमित रहते हैं जब तक कि अन्य लोगों से मिलने–जुलने में खुद का मतलब नहीं सधता हो। ऐसे स्वभाव के माता–पिता के प्रति उनके बच्चों के मन में नकारात्मक भाव पैदा होता है—चाहे उनका प्रयास जितना भी सुख–सुविधा बच्चों को देने में सफल हो जाए। उनकी अपने बच्चों के प्रति भावनात्मक लगाव की कमी इस बात की तरफ इशारा करती है कि उनकी परिवार से बाहर के लोगों के प्रति झुकाव, बाहरी बातों में आनन्द लेने की प्रवृत्ति से उनके बच्चे खुश नहीं होते हैं। ऐसे माता–पिता के बच्चे अपने परिवार के प्रति उदासीनता एवम् अनदेखा करने की आदत को चुपचाप महसूस करते हैं। फलस्वरूप अपने चारों तरफ अपनी खुद की दुनिया बना लेते हैं। फिर यह नहीं सोचते है कि उनके माता–पिता के दिमाग में क्या चल रहा है।

इसलिये माता-पिता का अत्यधिक चिंता वाला अथवा खुशियां ढूंढने वाला चारित्रिक गुण जो उनके बाह्य व्यवहार में परिलक्षित होता हो, बच्चे के व्यवहार को भी अपने समान बनाने की ओर ले जाता है।

बच्चा चाहता है कि उसके माता–पिता उसकी चिंता करें, उसके साथ अधिक से अधिक समय बितायें, उसकी भावनाओं को समझे। परन्तु कुछ माता–पिता खुद की समस्याओं में उलझे हुए रहते हैं तथा खुद के लिए आनन्द, सुख की खोज में लगे रहते हैं। जिसके कारण अपने बच्चे को वांछित देखभाल, प्यार, सुखद अनुभव देने की आवश्यक जरूरत को भूल जाते हैं। इस प्रकार बच्चों की जरूरतें एवम् इच्छाएँ तथा उनके माता–पिता की इन जरूरतों को पूरा करने की क्षमता के बीच अन्तर एक ज्वलंत समस्या पैदा करती है जिसे बिना देर किए बिना हल करना आवश्यक होता है।

चूँकि एक माँ बच्चे को भावनात्मक रूप से ताकत देने वाले स्त्रोत का काम करती है, उनके भावनात्मक लगाव की कमी बच्चे के मन में तनाव पैदा करती है। बच्चे के मन पर उसकी माँ की छवि एक संरक्षक, उसकी परवाह करने वाली की होती है। इसका अर्थ यह होता है कि एक माँ का सकारात्मक व्यक्तित्व उसके बच्चे को सुरक्षित महसूस करने में मददगार होता है। बच्चा इस कारण अपनी माँ से भावनात्मक रूप से ज्यादा जुड़ा हुआ एवम् गर्वान्वित महसूस करता है। इसी कारण एक माँ जब अपने पति के साथ दाम्पत्य जीवन में तनाव में होती है तो अनेक प्रकार की अवांछनीय आदतों की शिकार हो जाती है जिसका पूरे परिवार पर दूरगामी कुप्रभाव पड़ता है। अत: मर्द एवम् औरत के सोचने के ढंग में स्वाभाविक अन्तर होते हुए भी

आपसी समझ एवम् समझौते से एक समरसता पूर्ण संतुलित परिवार का निर्माण करना अति आवश्यक होता है।

अतएव प्रत्येक माता–पिता को यह समझना पड़ेगा कि माता–पिता के बीच आपसी खराब संबंध एवम् झगड़े–झंझट के कारण परिवार में अफरा–तफरी का माहौल बच्चे के स्वभाव में आक्रामकता, डर का भाव और माता–पिता के प्रति घृणा के भाव का संचार करता है। सुरक्षा, सम्बन्धों में आपसी लगाव जैसे एक बच्चे के खुशहाल जीवन के द्योतक बुरी तरह कु–प्रभावित होते हैं जब उसके माता–पिता के बीच सम्बन्धों में दूरी एवम् सामंजस्य की कमी होती है। इसके परिणाम–स्वरूप बच्चे में सुरक्षा की भावना, आपसी लगाव पर कुप्रभाव पड़ता है तथा बच्चा आक्रामक व्यवहार या हीन भावना से ग्रसित हो जाता है। इस तरह माता–पिता के डिप्रेशन, भावनात्मक असुरक्षा, छलावापूर्ण क्रिया–कलाप, आपसी तालमेल की कमी के कुप्रभाव से उनके बच्चे असंगत आचरण, सामाजिक रूप से अमान्य व्यवहार देखा देखी में आत्मसात कर लेते हैं जो अंततः उनके व्यक्तित्व का हिस्सा बन जाता है। माता–पिता से बच्चे की भावनात्मक लगाव की आवश्यकता केवल बचपन में ही नहीं बल्कि वयस्क उम्र में भी होती है। यह आसानी से कल्पना किया जा सकता है कि माता–पिता प्रदत्त खराब परिवेश, पारिवारिक बिगड़े माहौल का नतीजा बच्चे में अमान्य संस्कार, अस्वस्थ सामाजिक सोच का संचार होना होता है।

मैं मानव मस्तिष्क को समझने के प्रयास की शुरूआत इस उम्मीद के साथ करती हूं कि माता–पिता अपनी कमजोरियों में झाँकने का काम करेंगे एवम् अप्रिय स्थिति को सुधारने का प्रयास करेंगे।

अभिभावक गण! आप अपने अंदर की कमियों को खुद पहचान सकते हैं जिसमें निम्नलिखित प्रश्नावली आपकी सहायता कर सकती है :

1. क्या आप काफी चिंता करते हैं?
2. क्या आप काफी तनाव में रहते हैं?
3. क्या आप अपने विचारों में अड़ियल हैं तथा समझौता नहीं करते हैं?
4. क्या आप अपने व्यक्तिगत जीवन में अनुशासनहीन आचरण करते हैं?
5. क्या आपका बचपन भी कटु अनुभवों से भरपूर था?
6. क्या आपका दाम्पत्य जीवन कठिन दौर से गुजर रहा है?
7. क्या आप स्वयं को अक्षम अभिभावक समझते हैं?
8. क्या आप स्वयं की मानसिकता से अच्छी प्रकार परिचित हैं?
9. क्या आप जानते हैं कि आपका बच्चा आपके व्यक्तित्व एवम् आचरण से नाखुश रहता है?

■■■

1

माता–पिता की समस्याएँ उनके बच्चों पर कुप्रभाव डालती हैं

अभिभावकों को सबसे पहले अपने जीवन में झाँकना चाहिए। जैसा कहा गया है कि कूदने के पहले उस स्थान के आस पास देख लेना चाहिए "Look before you leap".

बच्चों में अच्छे संस्कार डालने के इच्छुक अभिभावकों को पहले अपनी कमजोरियों को पहचान कर उनसे छुटकारा पाना चाहिए।

बच्चों पर कुप्रभाव डालने वाली अभिभावकों की कमजोरियाँ निम्नलिखित हैं:—

चिंता एवम् अंदेशा

अभिभावकों के जीवन में होने वाली चिंता आज की दुनिया में एक आम बात है, फिर भी अगर अभिभावक इसके कारण तनाव ग्रस्त होकर आदतन गलत ढंग से व्यवहार करने लगते हैं जो उनके बच्चों की नजरों में अस्वाभाविक लगने लगता है।

अत्यधिक चिंता ग्रस्त होने से अभिभावक जिद्दी एवम् क्रोधी स्वभाव के हो जाते हैं जो उनके अन्दर व्याप्त क्षोभ एवम् असुरक्षा के भाव का द्योतक होता है। ज्यों–ज्यों

मानसिक असंतोष गहराता जाता है, वैसे–वैसे वे अनेक प्रकार के मनोविकार एवं व्यसनों के शिकार हो जाते हैं जिसका सीधा संबंध उनके बदले हुए स्वभाव से होता है।

अत: यह जानना जरूरी हो जाता है कि किस प्रकार अभिभावकों के मन की चिंता से व्यवहार में कठोरता एवम् क्रोध पैदा होता है जो उनके लिए हानिकारक होता है।

अत: अभिभावकों के लिए चेतावनी है कि वे अपनी चिंता एवम् उससे उपजे कुप्रभावों को नियंत्रण में रखें क्योंकि इसके कारण उत्पन्न असुरक्षा का भय उनके निर्णय लेने की क्षमता पर हावी हो जाती है।

आप चिंता से क्यों ग्रस्त रहते हैं?—यह जानने के लिए निम्नलिखित प्रश्नावली का उत्तर दें:—

1. क्या आपके बच्चे पढ़ाई–लिखाई में खरे नहीं उतरते हैं?
2. क्या आप आर्थिक बोझ से दबे होने के कारण असुरक्षित महसूस करते हैं?
3. क्या आपके नौकरी–पेशे में समस्या है?
4. क्या आपकी व्यक्तिगत समस्याएँ हैं?
5. क्या आप अपने बच्चे की जरूरतों को पूरा करने में असमर्थ हैं?
6. क्या आप बच्चे के साथ समय बिताने के लिए समय के अभाव से ग्रसित हैं?

7. क्या अपने बच्चे की स्कूल से मिलने वाली शिकायतों से परेशान हैं?

8. क्या आपके बच्चे की टेलीविजन देखने, फेस–बुक या मोबाइल के प्रति अनावश्यक आसक्ति आपको उद्विग्न करते हैं?

9. क्या अपने बच्चे की गलत मित्र मंडली को लेकर आप सशंकित हैं?

अगर अभिभावक अपनी चिंता के कारणों को जान लेने में सफल हो जाते हैं तो समझें कि उन्होंने आधी जंग जीत ली है क्योंकि उन कारणों को उखाड़ फेंकने एवम् समस्याओं के समाधान निकालने में आगे बढ़ सकते हैं। कठिन परिस्थिति पर भी वे अपनी परिपक्वता से विजय प्राप्त कर सकते हैं अगर उन्हें भरोसा है कि हरेक समस्या का समाधान संभव है।

इस पर विचार करने के प्रारंभ में हमें जानना होगा कि सतही तौर पर किसी प्रकार का संबंध नहीं होने के बावजूद एक अत्यंत मामूली समस्या का कुप्रभाव परिवार पर पड़ सकता है। अत: बच्चे पर आरोप मढ़ने की बजाए अभिभावकों को आत्मसुधार का प्रयास करना चाहिये। इस पुस्तक में आगे वर्णित घटनाएँ अजीब लगने के बावजूद अपने आप में खास होने के कारण पाठकों के ध्यान को आकर्षित करेगी एवम् उन्हें गलतियों को सुधारने के लिए प्रेरित भी करेगी। यही कारण है कि मेरे पास आने वाले बच्चों की समस्याओं पर ध्यान देने के पहले मैं उनके माता–

पिता की खुद की समस्याओं का अध्ययन करने का प्रयास करती हूँ।

आगे आपका काम है कि बच्चे पर कुप्रभाव डालने वाली समस्याओं का विश्लेषण आप स्वयं करें।

उदाहरण के लिए विचार कर सकते हैं कि निम्नलिखित परिस्थितियों में बच्चों के माता–पिता किस प्रकार की प्रतिक्रिया देते हैं:—

1. शैक्षणिक प्रतिस्पर्धा दिन–ब–दिन बढ़ती जा रही है। माता–पिता अपने बच्चों पर अच्छा करने का दबाव बढ़ाते जाते हैं।

यह स्वाभाविक रूप से गलत काम है। अभिभावक को अपने बच्चे की सहायता करनी चाहिए जो उसकी हिम्मत बढ़ाए जिससे कि वह अपनी क्षमता के अनुसार अधिकतम प्रयास करें।

एक ग्यारह वर्षीय लड़की–जिसका नाम लीसा है— अपनी पढ़ाई–लिखाई में कमजोर होने से घबरा कर आत्महत्या का प्रयास करती है। मैं इस घटना की पूरी कहानी आप को बताना चाहती हूँ।

लीसा परीक्षा में कम अंक पाने की वजह से स्कूल से भाग जाती है। मेरे पास आकर रोते हुए उसने कहा कि वह मर जाना चाहती है— परन्तु यह कैसे करे, यह समझ नहीं पा रही थी। संयोगवश एक व्यक्ति को उस लड़की के हावभाव से शक हुआ। उसने लीसा से बात की तो सारी बातें स्पष्ट हो

गई। उस दयावान व्यक्ति ने बच्ची को ढाढ़स बंधाई तथा उसे उसके घर ले गया।

जब उसके माता–पिता उसे मेरे पास ले कर आए तो मैंने पाया कि उन्हें इस बात का जरा-सा भी गुमान नहीं था कि उस बच्ची से ऊँची अपेक्षा रखने के कारण वह इस हालत में पहुँच गई है। उन्होंने स्वीकार किया कि वे बच्ची पर परीक्षा में और अच्छा करने का दबाव बनाते थे। यद्यपि लीसा पढ़ने में बहुत अच्छी थी, बहुत बढ़िया अंक से परीक्षा पास करती थी, परन्तु अपने माता–पिता की बढ़ती अपेक्षा के कारण वह दबाव में रहने लगी। अपने रिश्तेदारों से लीसा के माता–पिता लीसा की शैक्षणिक उपलब्धता का डींग हाँकते थे। इसके कारण लीसा के मन में भय व्याप्त हो गया कि अगर वह अच्छा नहीं कर पाई तो उसके माता–पिता उससे निराश हो जाएंगे। यह सोच कर वह हीन भावना से ग्रसित हो निराशा के दलदल में घुसती चली गई तथा आत्महत्या करने पर उतारू हो गई।

समाज में ऐसी अनेक लीसा हैं जो माता–पिता के कारण इस स्थिति में आ जाती हैं। बच्चे महत्वाकांक्षी माता–पिता का सामना करने से कतराने लगते हैं।

गौर करें कि किस प्रकार एक माँ–शकुन्तला–अपनी बच्ची–माला, जो स्कूल में फाईनल की परीक्षा देनेवाली है, को उत्प्रेरित करती है, यह कह कर कि परीक्षा से घबराना नहीं, आखिर किसी को सफल होने के लिए अच्छा दिमाग

एवम् आकर्षक व्यक्तित्व चाहिए जो तुममें है। वह यह भी कहती थी कि फाइनल परीक्षा भी अन्य परीक्षाओं जैसी ही है। इससे माला सकारात्मक व आत्मविश्वासी बनी। अपनी इन्हीं योग्यताओं के कारण आज वह एक अंतर्राष्ट्रीय कंपनी में उच्च पद पर है। लोग यह भूल जाते हैं कि स्कूली परीक्षा में अव्वल आना किसी सिलेबस की किताबों के ज्ञान का द्योतक है—किताबी ज्ञान एवम् परीक्षा का अंक तथा किसी के जीवन के प्रति नजरिया एवम् व्यावहारिकता का ज्ञान जो शिक्षा से प्राप्त होती है—दोनों अलग-अलग अर्थ रखते हैं। अनेक लोग ऐसे हैं जिन्होंने स्कूली पढ़ाई में औसत होने के बावजूद अपने क्षेत्र में ख्याति प्राप्त की है।

पढ़ाई ऐसी होनी चाहिए जो बच्चे को आनंदित करे—न कि बोझ लगे, जिससे बच्चे में ज्ञान के प्रति जिज्ञासा उत्पन्न हो। दुर्भाग्य से माता-पिता शिक्षा के असली महत्व को नहीं पहचान पाते हैं। मार्क ट्वेन ने सही कहा था कि उन्होंने स्कूली पढ़ाई को ज्ञानअर्जन करने के रास्ते में रोड़ा कभी नहीं बनने दिया था।

हर बच्चा अलग होता है, अत: बच्चों में पढ़ाई करने के अलग-अलग तरीके होते हैं, यद्यपि उद्देश्य एक ही होता है। मानसिक दबाव में पढ़ाई करने से विषय की दिमाग में ग्राह्यता-शक्ति कुप्रभावित होती है। दबाव रहित दिमाग से पढ़ाई करने में बच्चे को आनन्द आता है, सीखा हुआ पाठ हमेशा के लिए दिमाग में बना रहता है। जब उसके माता-

पिता उसकी पढ़ाई में कुशलता पर अन्य लोगों से गर्व पूर्वक बातें करते है तथा उससे बड़ी उम्मीदें बाँध लेते हैं तो बच्चे अन्दर से नाराज होते है तथा अपने माता–पिता के प्रति विद्रोह की भावना से भर जाते हैं। वैसे माता–पिता, जो अपने बच्चे के भविष्य को लेकर चिंता करते हैं एवम् इसके कारण बच्चे की भावना को कुप्रभावित होने से बे–परवाह रहते हैं, उनके बच्चों का पढ़ाई से मन उचट जाता है। अत: श्रेयस्कर यह है कि माता–पिता अपने बच्चे की भावनाओं को एक निष्पक्ष व्यक्ति की नजरों से समझने का प्रयास करें—इससे वे बच्चे की समस्याओं से आसानी से अवगत हो सकते हैं तथा उसकी सहायता कर सकते हैं।

माता–पिता जब उपर्युक्त समझदारी दिखाते हैं जिससे उनके बच्चे जीवन में सफल होते हैं। निम्नलिखित उदाहरणों से स्पष्ट होता है कि कैसे समझदार माता–पिता बच्चे की पढ़ाई को सहज बनाते हैं:—

नीना नाम की लड़की आठवीं कक्षा में पढ़ती थी। उसके माता–पिता ने उसमें एक अच्छी आदत डाल दी थी कि उसे रोजाना नियत समय पर पढ़ने बैठ जाना है। जब वह तीन वर्ष की बच्ची थी तभी से वह रोजाना छ: बजे शाम में पढ़ने बैठ जाती थी। पढ़ाई के नाम पर छोटी उम्र में वह रंगों से चित्रकारी किया करती थी—माता–पिता बारी–बारी से उस समय बच्ची के साथ बैठते थे, न कि पार्टी आदि में चले जाते थे। वे बच्ची के पढ़ाई या चित्रकारी करने में उसकी सहायता

करते थे। उम्र के साथ अब वह खुद अपनी पढ़ाई आदि में मन लगाती है। इस प्रकार कम उम्र में ही माता–पिता बच्चों में अच्छी आदतों का निर्माण कर देते हैं।

एक अन्य उदाहरण नौ वर्षीय रोहित का है। उसके माता-पिता जब उसे मेरे पास लाए तो वो अश्रुपूर्ण और निराश था। माता-पिता का कहना था कि वो कभी खुश नहीं रहता, ना ही किसी से बोलता, ना कही जाना चाहता। उसकी शैक्षणिक सफलता का स्तर भी गिर रहा था।

रोहित, जो बहुत अच्छे अंक लाता था, अपने माता-पिता की महत्वाकांक्षा का शिकार हो रहा था। उसने मुझे बताया कि वो उनके द्वारा परिचितों के सामने उसकी योग्यता का बखान करने से बड़े दबाव में था और स्पर्धा में अच्छा प्रदर्शन नहीं कर पा रहा था, मगर उससे भी ज्यादा चिंता उसे अपने पिता द्वारा उसकी पढ़ाई पर किये जा रहे खर्च की थी क्योंकि वे आर्थिक रूप से बहुत सक्षम नहीं थे।

उसने कहा कि यदि वो उनकी अपेक्षाएँ पूरी न कर सका तो उसे बहुत शर्म आएगी और वो खुद को कभी क्षमा नहीं कर पाएगा।

उसके माता-पिता से बात करने पर मुझे पता चला कि उन्हें ज़रा भी अंदाजा नहीं था कि उनके बार-बार "अत्यधिक खर्च" कहने का उनके बच्चे पर इतना प्रभाव पड़ रहा था।

वास्तव में, एक बच्चा घर के वातावरण पर निगाह रखता है और उसे अपनी तरह से समझता है, जिसका अभिभावकों को ज्ञान नहीं होता।

क्या रोहित ऐसे दबाव का बोझ सर पर लेकर अपने माता-पिता की अपेक्षा पूरी कर पाएगा?

माता–पिता को चाहिए कि वे बच्चे के सामने अपनी आर्थिक अशक्ति का रोना नहीं रोएँ जिसके कारण उसके मनोदशा पर प्रतिकूल प्रभाव पड़े।

इसका विपरीत उदाहरण एक लड़की सौम्या का है। उसके माता–पिता की आर्थिक स्थिति अच्छी नहीं होने के बावजूद उसे अच्छे स्कूल में शिक्षा दिला रहे थे। फिर भी उसे कभी ऐसा प्रतीत नहीं होने दिया कि उसकी पढ़ाई के खर्च से वे आर्थिक परेशानी में हैं। परन्तु सौम्या को आभास था कि उसके माता–पिता आर्थिक रूप से सम्पन्न नहीं हैं, अत: वह गैर जरूरी खर्च नहीं करती थी तथा प्रसन्नचित रहती थी।

अभिभावक अपने बच्चों की जायज–नाजायज माँग से परेशान रहते हैं। एक–दूसरे के देखा–देखी बाजार में बिकने वाले पैकेट में खाद्य पदार्थों को खरीदने की बच्चों में होड़ लग जाती है। यह जानते हुए भी कि ये सब स्वास्थ्य के लिए हानिकारक होता है, अभिभावक बच्चों को मना नहीं कर पाते हैं, क्योंकि उन्हें लगता है कि ऐसा करने से लोग समझेंगे कि वे आर्थिक रूप से बच्चे की मांग पूरा करने में असमर्थ हैं। इस प्रकार हीन–भावना का शिकार हो जाते हैं।

अत: अभिभावक गण नहीं चाहते हुए भी अपने बच्चों की इस प्रकार की मांगों को पूरा करने के लिए बाध्य हो जाते हैं। लेकिन इस प्रकार के अनर्गल मांगों को पूरा करने का दुष्परिणाम यह होता है कि बच्चों की मांग बढ़ते जाती है तथा अभिभावक के द्वारा उसे पूरा नहीं करने पर वे नाराज हो जाते हैं।

लेकिन अनुचित आदत होते हुए भी इस प्रकार के खाद्य वस्तुओं पर रोक लगाना उचित नहीं है। जब अन्य बच्चे यह सब चीजें खाते हैं, तो अपने बच्चे पर लगाम लगाने से उसे हीन–भावना होती है। अत: माता–पिता को रोक लगाने के बजाय बच्चे को उस प्रकार के खाद्य वस्तुओं के हानिकारक होने की बात को समझाना चाहिए तथा उसके सेवन पर संयम बरतने की सलाह देनी चाहिए—जैसा सप्ताहान्त में एक–दो बार सेवन तक सीमाबद्ध रखना चाहिए।

माता–पिता की अनुशासनात्मक सख्ती का दुष्परिणाम

नौवीं कक्षा का एक विद्यार्थी मयंक अत्यंत उद्दण्ड लड़का है। वह घर में पैसे चुराने की बुरी आदत से ग्रसित है। इसका कारण उसके माता–पिता का उस पर कड़ाई से पेश आना है। साधन–सम्पन्न होने के बावजूद उनका मानना था कि बच्चे को ज्यादा जेब–खर्च देने से वह बिगड़ जाता है। अत: शायद ही कभी वे अपने बच्चे मयंक को जेब खर्च के लिए पैसे देते थे। परिणाम स्वरूप उसने पैसे चुराना शुरू कर दिया। यह जानने के बाद उसके माता–पिता अपने बच्चे से एक चोर

की तरह व्यवहार करने लगे। उसे अपशब्द कहने एवम् शारीरिक सजा देने के कारण मयंक और अधिक उग्र होता गया। उसकी चोरी करने की आदत बढ़ती गई। वह गलत लड़कों की संगति में रहने लगा। रात–रात भर घर से भाग कर उन साथियों के साथ समय व्यतीत करने लगा। यह सब देखकर उसके माता–पिता डर गए तथा उसे जितना पैसा चाहिए था उतना देने पर मजबूर हो गए। अब वह लड़का बुरे लड़कों की संगति में होटलबाजी करने, क्लबों में जाने तथा जुआ खेलने जैसे व्यसनों का आदी हो गया है।

माता–पिता को यह समझना चाहिए कि उनके बच्चों में भी अपनी इच्छानुसार कुछ खरीदने की स्वाभाविक मानसिकता होती है। इस पर रोक लगाना अनुचित है। माता–पिता को अपने बच्चों में सोच विचार करके खर्च करने की अच्छी आदतें डालनी चाहिए तथा उसे खर्च करने के लिए उचित मात्रा में जेब खर्च भी देना चाहिए। घर में होने वाले कुछ खरीददारी, देनदारी की जिम्मेदारी बच्चे को देना श्रेयस्कर है। इससे उसमें जिम्मेदारी निभाने की ट्रेनिंग मिलती है तथा स्वयं पर विश्वास कायम होता है।

यहाँ पर एक लड़की, मेघना, के माता–पिता का उल्लेख करना चाहूँगी। वे काफी समझदार अभिभावक थे। जब मेघना महज छः वर्ष की थी, उसी समय से उसे अपने साथ घर से अन्य स्थान पर जाते समय रास्ते में होने वाले सभी प्रकार के खर्च करने की जिम्मेदारी दे देते थे—जैसे, गाड़ी

का किराया, होटल का बिल का भुगतान आदि। साथ में स्वयम् होने के बावजूद उसे खर्च करने की जिम्मेदारी देने से उसमें खुद को महत्वपूर्ण समझने एवम् जिम्मेदारी निभाने के प्रति सजग रहने की सीख मिलती थी। जैसे–जैसे वह बड़ी होती गई, उसे घर के खर्चे तथा स्वयम् की जरूरतों पर खर्च करने की छूट देते गए। इसके लिए उसे एक निश्चित राशि मिल जाती थी, जिससे अपने विवेक से उसे सभी जिम्मेदारियाँ निभानी होती थी। अगर अधिक खर्च के कारण और पैसे लेने पड़ जाते थे तो अगली बार में मिलने वाली राशि में उतना कट जाता था। इससे उसे मितव्ययता का पाठ मिलता था।

कम उम्र से ही हाथ में पैसा होना एवम् उसे खर्च करने से बच्चो में पैसों के प्रति लालच एवम् आकर्षण खत्म हो जाता है, जब कि ऐसा नहीं होने से उनमें पैसे के प्रति मोह एवम् जिज्ञासा बढ़ती है जिसके कारण उनमें पैसे चुराने, पैसे के लिए झूठ बोलने आदि दुर्गुण पैदा होते हैं।

बच्चों के साथ अभिभावक को समय बिताना

बच्चों के साथ उनके माता–पिता का समय बिताने का अच्छा प्रभाव पड़ता है। परन्तु आज कल के व्यस्त जीवन में, खास कर जब माता और पिता दोनों कामकाजी हों, उनका अपने बच्चे के साथ समय बिताना असंभव-सा हो गया है। इस कारण व्यस्त माता–पिता में अपराध–बोध जन्म लेता है। वे जो भी समय बच्चों के लिए निकाल पाते हैं उसमें

बच्चे की गतिविधियों में योगदान देने के बजाय अपनी कमी का रोना रोते हैं। वे यह नहीं जानते हैं कि ज्यादा समय बिताने की अपेक्षा कम ही सही लेकिन अच्छे माहौल से परिपूर्ण समय बिताना ज्यादा श्रेयस्कर होता है। उदाहरणार्थ मैं एक माँ की चर्चा करना चाहूँगी जो एक सात वर्षीय बच्चे की माँ है। उनका नाम हनी है। वह कामकाजी महिला है। ऑफिस से लौटने में शाम पाँच बज जाते हैं। आते ही वह अपने बच्चे को आलिंगन में लेती है, फिर कुछ नाश्ता कराती है। उसके बाद बच्चे के साथ समाचार पत्र में छपे शब्दजाल के क्वीज को हल करने का खेल खेलती है। अज्ञानता का नाटक करते हुए बच्चे को डिक्शनरी देकर उत्तर जानने के लिए प्रेरित करती है। इस प्रकार खेल–खेल में बच्चे को सीखने की आदत डालती है। इस पूरे प्रक्रिया में हनी अपने बच्चे के साथ महज पंद्रह मिनट ही बिताने का समय देती है, लेकिन यह समय गुणवत्ता पूर्ण होता है। इसके बाद बच्चा अपनी रोजमर्रा की पढ़ाई में लग जाता है।

क्या आप अपने बच्चे की गलत आचरण करने की शिकायत उसके स्कूल से पाकर विचलित होते हैं?

इस प्रकार का एक उदाहरण एक दस-वर्षीय बच्चा, नमन, के माता–पिता का है। स्कूल से निम्नलिखित शिकायतें पाकर नमन के अभिभावक बेतरह परेशान हो जाते हैं क्योंकि उन्होंने ऐसा सपने में भी नहीं सोचा था:—

1. नमन अपने साथ छात्रों से मारपीट करता है।

2. लड़कियों को चिढ़ाता है।
3. साथी छात्रों के स्कूल–बैग से चोरी करता है।
4. शिक्षक के क्लास में होने के बावजूद गलत हाव–भाव की मुद्रा बनाता है।
5. उसे अपने गलत आचरण पर कोई पछतावा नहीं होता है।
6. क्लास में ब्लैक–बोर्ड, कुर्सी आदि तोड़ देता है। माता–पिता को उसके दुराचरण का आभास भी नहीं था, क्योंकि वह घर में लागू अनुशासन का नियम पूर्वक पालन करता था। जब स्कूल से शिकायतें आनी शुरू हुई तो उस पर कड़ी नजर रखना शुरू किया गया। लेकिन समझ में नहीं आ रहा था कि उनका बेटा इतना गलत व्यवहार कर सकता है। उसके पिता ने तंग होकर दण्ड देने के लिए मारना भी शुरू कर दिया, क्योंकि इससे परिवार का नाम बदनाम हो रहा था।

नमन के माता–पिता का उसके दुराचरण के कारण अपमानित महसूस करना सही प्रतिक्रिया था। परन्तु क्या उन लोगों ने कभी जानने की कोशिश की कि नमन किन हालातों से रोजाना गुजरता है जब वह माता–पिता के असहमति एवम् विरोध के कारण अपनी सामान्य जरूरतों एवम् इच्छाओं को दबा कर रखने के लिए मजबूर होता है। नमन जैसे अनेक बच्चे अपने माता–पिता के अनुचित

व्यवहार के शिकार होने की वजह से अपने ही घर में कैद महसूस करते हैं। माता–पिता के भय से ग्रसित होकर उनके मन में क्रोध उबलता है। इस क्रोध के गुब्बार को मन से बाहर निकालने के लिए स्कूल से बढ़िया और क्या जगह हो सकती है जहाँ इस प्रकार के अन्य बच्चों का साथ मिलने से हंगामा करने का साहस मिलता है। इस प्रकार का व्यवहार करने के पीछे मूल कारण यह है कि घर में माता–पिता से सदैव भयभीत रहने वाले बच्चे जानते हैं कि अगर माता–पिता से बगावती तेवर अपनाएंगे तो दंड के भागी होंगे एवम् अन्य सहारा उनके पास नहीं है। अत: अभिभावकों को अपने बच्चों के मन में दबी भावनाओं के कारण का पता लगाना चाहिए। जिसके चलते वे उद्दण्ड हो जाते हैं। घर में उन पर अंकुश लगने के कारण उनके मन में विद्वेष की भावना जन्म लेती है। परन्तु बदले में कुछ करने से लाचार होने के कारण ऐसे बच्चे स्कूल में अपनी आक्रामकता का प्रदर्शन करते हैं। अपने माता–पिता के प्रति विद्वेष को स्कूल में अपने उद्दण्ड व्यवहार के रूप में प्रदर्शित करते हैं। इससे उनके मन को एक प्रकार से शांति मिलती है।

नमन के माता–पिता उसकी उद्दण्डता के लिए स्कूल प्रशासन एवम् उसके सहपाठियों को दोषी मानते हैं—बजाय इसके कि वे खुद इसके लिए दोषी हैं। उनके स्व-निर्धारित मानदण्ड के अनुसार घर में वातावरण होने के कारण बच्चों में उम्र के साथ होने वाली बदलाव को अभिव्यक्ति की छूट नहीं मिलने एवम् उसको सुनने समझने समझने वाला कोई

नहीं होने के कारण उनमें कुण्ठा जन्म लेती है। अत: बच्चों की भलाई के लिए माता–पिता को अपने आदर्श मानदण्डों में आवश्यक बदलाव लाना चाहिए।

माता–पिता के कठोर अनुशासन के कारण उनके प्रति प्रतिशोध की भावना बच्चों में आने का प्रमाण मुझे तब मिला जब एक सात वर्षीय बच्चा, जिसका नाम देव था, ने मुझसे कहा कि जब वह स्कूल में अपने सहपाठी, मानस, को पीट रहा था, तो "मुझे कल्पना हो रही थी कि मैं अपने पिता को ही पीट रहा था, क्योंकि मेरे पिता ने स्कूल का होमवर्क पूरा नहीं करने के कारण मुझे इतनी जोर से धक्का देकर कमरे से बाहर ढकेल दिया कि मेरी बाँह में चोट लग गई थी"। उसने अपनी गुप्त भावना मुझसे तब बतायी जब मैं उसके स्कूल में बच्चों की काउन्सेलिंग करने गई थी। मेरे अलावा वहाँ कोई अन्य व्यक्ति नहीं था, फिर भी वह अपनी बात बताते समय डरा हुआ था। उसने अपने को आश्वस्त करने के लिए मुझसे पूछा भी—कि क्या मैं उसकी कहीं हुई बातों को उसके माता–पिता को बता दूँगी?

जब अभिभावक खुद जीवन में समस्याओं में चिंतित रहते हैं तब वे अपने बच्चों में गलत अनुशासन का पाठ पढ़ाते हैं। अत: वे पहले अपनी कमियों पर काबू करें।

व्यवहार में कठोरता

चिंता से भय, भय से असुरक्षा का भाव जन्म लेता है। असुरक्षा के भाव से व्यवहार में कठोरता का जन्म होता है। जब यह कठोरता परिवार के सदस्यों के लिए दमघोंटू हो जाए तो ऐसे अभिभावक को सचेत होने की जरूरत है। क्योंकि ऐसा वातावरण परिवार में स्थायित्व के लिए घातक होता है।

क्या आपके व्यवहार में कठोरता है? यह जानने के लिए निम्न प्रश्नों का उत्तर दें:—

1. क्या परिस्थिति में बदलाव को आप सहज ढंग से लेने में असमर्थ हैं?
2. क्या भोजन में नया आइटम परोसे जाने पर आप क्रोधित हो जाते हैं?
3. क्या आपमें उत्सुकता की कमी है?
4. क्या आप अपना आपा खो जाते हैं जब परिवार जन आपके आदेश का पालन शीघ्र नहीं करते हैं?
5. क्या आप अपने विचार पर कायम हैं कि टेलीविजन, कम्प्यूटर आदि आपके बच्चे की पढ़ाई एवम् विकास में बाधक है?
6. क्या आप अपने परिवार को अपने साथ भ्रमण पर ले जाने से मना कर देते हैं?

7. क्या आप परिवार के साथ होटल में भोजन करने जाने को पैसे की बर्बादी मानते हैं?

8. क्या आप मानते हैं कि दूसरों का दिया गया परामर्श मानने योग्य नहीं होता है?

9. क्या घर में सामानों के रखने की जगहों में बदलाव से आप नाराज हो जाते हैं?

10. अगर आपके विचारों से कोई सहमत नहीं हो तो आप उसे समझाने का प्रयास करते हैं—लेकिन अगर वह नहीं समझे तो क्या आप उससे संबंध तोड़ लेते हैं?

11. क्या अपनी गलती स्वीकार करना आपके लिए कठिन होता है?

12. क्या आप वैसे लोगों को पसंद करते हैं जो आपसे सहमत होते हैं?

13. क्या आप अपने तौर–तरीकों को बदलना असंभव मानते हैं क्योंकि इससे अलग प्रकार की समस्याओं के पैदा होने का भय लगता है?

14. क्या आप वास्तविकता से दूर भागने के लिए अपने को हँसी–मजाक, मनोरंजन, आदि में लिप्त होने का सहारा लेते हैं?

15. क्या आप दूसरों की मदद लेने में असहज महसूस करते हैं?

अगर इन प्रश्नों का उत्तर हाँ में है तो इसका अर्थ है कि आप अपने व्यवहार में कठोर/हठधर्मी स्वभाव के हैं। ऐसे लोग छोटी-छोटी बातों में भी हठी बने रहते हैं। वे हर परिस्थिती में अपनी ही राह पकड़ते हैं। कई बार यह हठधर्मिता घमण्ड के मूल में होती है।

अक्सर सुनने को मिलता है कि मैंने पत्नी को अनेक बार कहा है कि मैं सिनेमा देखना पसंद नहीं करता हूँ।

या

मैंने पत्नी को कहा है कि बाहर होटलों में खाने जाना सिर्फ पैसे की बर्बादी है।

या

इस योजना से मैं सहमत नहीं हूँ, अत: इसमें मैं साथ नहीं दूँगा।

या

यह बात मुझे गंवारा नहीं है तो कैसे कोई मुझसे जबरदस्ती करवा सकता है?

एक पत्नी अपने पति के बारे में कहती है कि वह कभी कुछ नहीं मांगता है, अक्सर चुप रहता है, पारिवारिक बातों में उसे किसी प्रकार की दिलचस्पी नहीं है। कैसे जानूँ कि उसके दिमाग में क्या चल रहा है?

इसका कारण यह है कि व्यक्ति अपने विचारों में दृढ़ है, वह बदल नहीं सकता, अत: वह इन बातों पर किसी से बात

नहीं करता है। अब अगर ऐसे पति के साथ–साथ उसकी पत्नी भी हठधर्मी स्वभाव की हो तो मामला अत्यंत गंभीर हो जाता है। हठधर्मिता के पीछे व्यक्ति में असुरक्षा का भाव एवम् अन्य पर हावी होने की मंशा होती है। वह अपनी कमी को स्वीकार नहीं करना चाहता हमेशा अपने को सही मानता है। उसे आभास भी नहीं होता है कि वह गलत है।

निम्नलिखित उदाहरण, जिसमें एक माँ अपनी दस वर्षीय बच्चे के जिद्दी स्वभाव एवम् क्रोध प्रदर्शन को लेकर चिंतित है, यह दर्शाता है कि किस प्रकार माता–पिता अपने बच्चों में कम उम्र से ही, जब उनको सिखाना आसान होता है, अच्छी आदतों का निर्माण करने की आवश्यकता को नजर अंदाज कर जाते हैं। उन्हें यह आभास भी नहीं होता है कि किस प्रकार वे अपनी हठधर्मिता एवम् क्रोध प्रदर्शन पूर्ण स्वभाव को अपने बच्चे में भी प्रतिस्थापित कर देते हैं।

माँ की शिकायत है कि हर प्रकार से बच्चे का ध्यान रखने—जैसे सुबह उठना, उसका नाश्ता तैयार करना, लन्च–बॉक्स पैक करना, स्कूल बस तक पहुँचाना—के बावजूद उसके स्वभाव में क्रोध एवम् हठीपन क्यों है? वह जानबूझ कर स्कूल के लिए तैयार होने में देर करता है, ब्रश करने में ज्यादा समय बर्बाद करता है—जैसे वह ऐसा मुझे चिढ़ाने के लिए करता हो। वह माँ मुझसे जानना चाहती है कि वह क्या करे?

मुझे लगता है कि माँ अपने जिद्दी स्वभाव का अपने बच्चे में भी बीजारोपण कर देती है, जिसका उसे आभास तक नहीं होता है। वह समझती है कि बच्चे से अपनी बात मनवाने पर अड़ जाना उसकी कारगर रणनीति है। बच्चा समझने लगता है कि उसकी माँ की कठोरता को रोकने के लिए उसे माँ से भी ज्यादा कठोरता का व्यवहार करना चाहिए। वह मानने लगता है कि अपनी माँ पर इसी प्रकार के व्यवहार से काबू पा सकता है।

माँ ने मुझसे पूछा—उसे इस परिस्थिति में क्या करना चाहिए जब उसका बच्चा स्कूल जाने एवम् समय की पाबन्दी के महत्व के बारे में गंभीर नहीं है?

उनसे पूछताछ से जो जानकारी मिली वह ध्यान देने लायक है। पहली बात सामने आई कि माँ बच्चे का ध्यान रखने में जरूरत से ज्यादा सचेत थी जिसके कारण बच्चे को उसकी छोटी–छोटी स्वाभाविक आदतों में अकारण हस्तक्षेप लगता था। इससे वह झुँझला जाता था। मामूली बातें जैसे ब्रश में पेस्ट की लगाने की मात्रा या जूते का फीता बाँधने के तरीके पर टीका–टिप्पणी से बच्चा चिढ़ जाता था। सच कहूँ तो कई अभिभावक गण, जो कठोर स्वभाव से ग्रसित हैं, असल में अपने बचपन में इस प्रकार के कठोर व्यवहार के खुद शिकार हुए होते हैं। ऐसे माता–पिता को अपने बच्चे से व्यवहार करने में सचेत रहना चाहिए।

हमें यह समझना चाहिए कि बच्चे अपने क्रिया–कलाप में कुछ स्वतंत्रता चाहते हैं, जिसमें वे अपनी इच्छानुसार

तौर–तरीका अपना कर काम कर सकें। माता–पिता को अपने बच्चों को काम करने के लिए छूट देते समय एक समय सीमा का निर्धारण करना चाहिए। अगर उस समय सीमा में बच्चे कार्य नहीं कर पाएँ तो उसे आपकी सहायता माँगने के लिए प्रेरित करना चाहिए। अत: बच्चे को बार–बार टोका–टोकी से परेशान नहीं करें। बल्कि निम्नलिखित तरीका अपनाना चाहिए:

बच्चे के सोकर उठने का समय निश्चित करें। पन्द्रह–बीस मिनट ब्रश करने, तैयार होने का समय निर्धारित करें। स्कूल बैग ठीक करने, यूनिफार्म पहनने, नाश्ता करने का समूचा समय निर्धारित करें। इस प्रकार बच्चे में स्वतंत्र रूप से अपना काम पूरा करने की जिम्मेदारी का निर्माण होगा। उसे भरोसा दिलाना चाहिए कि अगर उसे आपकी सहायता चाहिए तो आप सदा उसे सहयोग देने के लिए तैयार हैं।

अब एक हठधर्मी माँ का उदाहरण लीजिए—इसमें देखने को मिलेगा कि कैसे एक बच्चा बड़ा होकर अनुज्ञाकारी एवम् हठी हो जाता है—अपनी आदर्श स्वरूप माँ के व्यवहार में कठोरता एवम् क्रोध को बचपन से देख–देख कर।

एमा नामक सोलह वर्षीय लड़की अपनी माँ के साथ एक दिन मेरे पास आती है। मेरे क्लीनिक में आते हुए वे दोनों जो बातें कर रही थी, उसे सुनने के लिए मैं उत्सुक थी जिससे उनकी समस्याओं का एक खाका खींच सकूँ।

वार्तालाप कुछ यूँ था:—

"माँ! मैं आपके साथ नहीं रहना चाहती हूँ। मैं हॉस्टल में चले जाना चाहती हूँ।"

माँ ने चीखते हुए कहा, "तुम्हारी हिम्मत कैसे हुई यह कहने की? मेरी बेटी होने के नाते तुम्हें मेरी बात माननी होगी। तुम्हें कोई निर्णय लेने का अधिकार नहीं है जब तक कि तुम्हारी शादी नहीं हो जाती है।"

एमा और तेज आवाज में कहती है, "मैं मानती हूँ कि मैं आपकी बेटी हूँ, लेकिन इसका मतलब यह नहीं है कि आप मुझ पर शासन करें। अब मैं बड़ी हो गई हूँ, फिर भी आप मुझे अपना कठपुतली समझती हैं। अब ऐसा नहीं होगा। मैं जैसा चाहती हूँ वैसा करूँगी।"

इस प्रकार उन दोनों में वाक्युद्ध चल रहा था। कोई भी रूकने को तैयार नहीं था। वे एक दूसरे पर दोषारोपण किए जा रही थी। बाद में बात करने पर मालूम हुआ कि एमा अपनी माँ के कठोर व्यवहार से तंग होकर घर से भागकर अपनी दोस्त लड़की के घर चली गई थी। उसकी दोस्त लड़की ने एमा के माता–पिता को सूचित किया। वे लोग आकर जबरन एमा को घर वापस ले गए। एमा का आरोप था कि उसकी माँ हमेशा उस पर हावी रहती है, उसे अपनी मर्जी से कुछ भी नहीं करने देती है। वह इस माहौल से भाग जाना चाहती है।

एमा की माँ काफी पढ़ी लिखी महिला है, फिर भी अपनी बच्ची के साथ उसका व्यवहार काफी हैरान करने वाला था। एमा की माँ के हठधर्मिता पूर्ण आचरण के कारण वह अनुशासनहीन हो गई थी। उसके कठोर व्यवहार से ही एमा ने घर छोड़ कर जाने जैसा कदम ले लिया था। ऐसे हठी एवम् क्रोध करने वाले माता–पिता को अपने बच्चों के प्रति व्यवहार में सावधान रहना चाहिए।

अपनी हठधर्मिता एवम् क्रोध पर वे निम्नलिखित प्रकार से काबू पा सकते हैं;—

1. सभी प्रकार के लोगों से बात–विचार करें। इससे उनके हठी स्वभाव में बदलाव आ सकता है।
2. आस पास की दुनिया में जो कुछ हो रहा है, उसे खुले विचार से—बिना पूर्वाग्रह के देख सकते हैं तथा समझ सकते हैं। इससे अपने आचरण में नरमी एवम् नए तौर–तरीकों को अपना सकते हैं।
3. दूसरों के साथ विचारों का आदान–प्रदान करने से आप एक दूसरे के विचार का स्वागत कर सकते हैं।
4. अपने बच्चे की जरूरतों एवम् इच्छाओं का ध्यान रखें। जिस बात को आपका बच्चा महत्वपूर्ण समझता है, उस पर आप अनुचित रूप से अड़ियल रूख नहीं अपनाएँ। समझदारी से काम करें।
5. हरेक बात पर बच्चे को "ना" नहीं करें। बच्चे के सुझावों या माँग को समझने की कोशिश करें। उन

बातों पर शांति पूर्वक अपना विचार उसके सामने रखें तथा अगर आप असहमत हों तो बच्चे को बताएँ कि आप क्यों असमत हैं।

6. अगर खाने के किसी खास आइटम को आप नापसंद करते हैं तो धीरे से परिवार के सदस्यों को बिना झुँझलाहट के बताएँ।
7. परिवार में होने वाली घटनाओं पर अपनी उत्सुकता दिखाने का अर्थ होता है कि आप परिवार की चिंता करते हैं। अगर आप खुद को अपने अन्दर बन्द कर लेंगे तो परिवार को लगेगा कि आप को उनमें कोई दिलचस्पी नहीं है।
8. अगर आपका बच्चा किसी खास इलेक्ट्रोनिक यंत्र का शौक रखता है, तो आप उसमें अपनी उत्सुकता व्यक्त करें एवम् बच्चे के साथ–साथ उसमें आनन्द लीजिए। इससे बच्चा आपसे बात करने से हिचकना बन्द करेगा, एवम् वह जब कभी दुविधा या संकट से ग्रसित होगा तब वह आप की सहायता के लिए आपकी तरफ देखेगा।

याद रखें : जीवन में केवल बदलाव ही स्थायी है।

क्रोध :

एक हठी व्यक्ति चाहता है कि सब कुछ उसकी मर्जी के अनुरूप हो। अगर इस प्रवृत्ति पर रोक नहीं लगी तो व्यक्ति में क्रोध को जन्म देता है।

क्या आप जानते हैं कि आपका बच्चा झूठ क्यों बोलता है? वह आपके क्रोध करने से डर कर ऐसा करता है। आपके क्रोधी स्वभाव के शिकार आप ही की पत्नी एवं बच्चे होते हैं। इस क्रोधी स्वभाव से परिवार के सदस्यों का आप से लगाव समाप्त हो जाता है। आप अन्य लोगों से संबंध में दूरी होने का कारण बनते हैं। एक क्रोधी व्यक्ति का कोई भी मित्र नहीं हो पाता है।

एक सत्य वचन को याद रखिए—पत्थर भारी होता है, बालू वजनी होता है, परन्तु व्यक्ति का क्रोध इस दोनों से भी ज्यादा भारी होता है।

क्रोध पर काबू पाना कठिन काम नहीं है, अगर आप इस दिशा में सोचना शुरू कर दें।

मैं अपना अनुभव आपसे बांटना चाहूँगी। एक समय था जब मैं एक दोस्त के घर आया-जाया करती थी। मेरे दोस्त का आठ वर्षीय पुत्र, जिसका नाम चीकू था, तपाक से मुझे खाने के लिए प्लेट से बिस्कुट निकाल कर देता था, हालाँकि उसकी माँ डरती थी कि कहीं उसके हाथ से प्लेट गिर कर टूट न जाए। यह साधारण बात एक बड़ी समस्या का रूप लेते मैं देख रही थी। हुआ यूँ कि बच्चे ने अचानक प्लेट गिरा दी। उसकी माँ क्रोधित हो गई एवम् अपने बच्चे को एक थप्पड़ जड़ दिया तथा उसे अपने कमरे में जाने को कहा। इस घटना ने मुझे सोचने पर मजबूर कर दिया कि मेरी दोस्त ने

प्लेट की कीमत से ज्यादा कुछ और खोया है, और वह है उसके बच्चे का आत्म सम्मान एवम् आत्म–विश्वास।

वह अपने बच्चे को कुछ वर्षों बाद मेरे पास इलाज के लिए लेकर आई। वह बच्चा झूठ बोलने एवम् स्कूल से भागने का आदी हो गया था। इस बात की शिकायत बच्चे की माँ को थी। मैंने भाँप लिया कि चीकू के इस एक समस्या बनने के पीछे क्या कारण या एवम् इसके लिए कौन जिम्मेदार था।

चीकू अब चौदह वर्ष का हो चुका था। उसने मुझसे कहा कि पहले वह अपनी माँ से सब कुछ सच बता देता था, लेकिन उसकी प्रतिक्रिया के कारण अब वह कुछ नहीं बताता है। उसकी माँ चीकू को उसके साथ खेलने वाले बच्चों के सामने ही अपमानित कर देती थी, अत: चीकू उससे बचते फिरता था। चीकू स्कूल में अनेक समस्याओं का सामना कर रहा था, परन्तु उसकी माँ निदान करने में सहायता के विपरीत तूफान मचा देती थी। अब वह स्कूल नहीं जाना चाहता था। पढ़ाई पर ध्यान लगाना मुश्किल हो गया था। अब माता–पिता की डांट पर अपने को शांत रखना असंभव हो गया था। उसने मुझसे कहा—अब मैं कहाँ जाऊँ, किससे बात करूँ। उनके क्रोध के कारण मेरे लिए घर का दरवाजा बंद हो गया लगता था। मेरी समस्याओं का कोई समाधान नहीं नजर आ रहा था। मैं शर्त लगा सकता हूँ कि वे इतने हठी स्वभाव के हैं कि आप उन्हें बदल नहीं सकते।

क्रोध व्यक्ति की नकारात्मक अवस्था का द्योतक होता है। उसके क्रोध का जो शिकार होता है वह प्रतिरोध के रूप में अपना बचाव करता है। चीकू की माँ के अन्दर क्रोध उसकी हठधर्मिता के कारण हो गया है। चीकू के हरेक काम में दखल देने की कोशिश में उसने अपने तथा अपने बच्चे के बीच खाई खोद दी है। उसको रोक पाने में कठिन क्रोध के कारण चीकू उसके विरुद्ध हो गया है। उन दोनों के बीच आपसी भरोसे का सर्वनाश हो चुका है।

क्रोध केवल उसका दंश झेलने वाले के लिए ही नहीं वरन् आस–पास रहने वाले सभी के लिए हानिकारक होता है। व्यक्ति जब क्रोधित होता है तो उसका विवेक तर्कहीन हो जाता है, वह ठीक से सोच नहीं पाता है एवम् अन्य से विचार विमर्श करने में असफल हो जाता है। जो व्यक्ति अपने क्रोधी स्वभाव के अधीन हो जाता है, वह अपनी सबसे बहुमूल्य चीज खो देता है—और यह बहुमूल्य चीज है, उसका परिवार।

एक बारह वर्षीय लड़के–की शिकायत अनेक बार स्कूल से आती है कि वह पढ़ाई में अच्छा नहीं कर रहा है। उसके माता–पिता इससे चिंतित हैं। इस बारे में जानकारी लेने से मुझे ज्ञात हुआ है कि इस बच्चे के पिता में बर्दाश्त करने की क्षमता काफी कम है। वह हमेशा बच्चे एवम् पत्नी पर दोषारोपण करते रहते हैं। पत्नी अपने पति पर आरोप लगाती है कि उसके बच्चे को स्कूल में खराब करने के पीछे उन्हीं का हाथ है। वे हमेशा अपनी मर्जी के अनुसार सब कुछ

होना देखना चाहते हैं, अन्यथा वे क्रोधित होने से अपने को रोक नहीं पाते हैं।

"क्रोधी पिता": पुरुष अपनी दबी भावनाओं को गुस्से द्वारा बाहर निकालते हैं, जो बिल्कुल गलत व नकारात्मक है।

पिता क्यों क्रोधित हो जाते हैं?:—

1. मर्दों में अपने को अधिक महत्ता देने की आदत होती है।
2. मर्दों में क्रोध होना मर्दानगी की निशानी होती है, वे ऐसी गलत धारणा रखते हैं। परिवार के लोग, सगे–संबंधी, पूरा समाज भी इस धारणा को मान्यता देते हैं कि अकड़ एवम् क्रोध की कमी स्त्री जन्य गुण होते हैं। अत: मर्द लोग दूसरों के सामने झुकने एवम् बर्दाश्त करने को सामाजिक कमजोरी मानते हैं।
3. अपनी पत्नी के आगे झुकना मर्दों को मान्य नहीं होता है क्योंकि ऐसा करना पत्नी के सामने अपने को हीन समझना होता है। अत: क्रोध करके मर्द अपनी महत्ता का प्रदर्शन करते हैं। अगर पिता अपना मुँह बन्द रखता है तो क्रोध उसके मन के अन्दर उबलते रहता है जो काफी खतरनाक स्थिति पैदा करता है। उसका क्रोध कभी अचानक फट पड़ता है। ऐसे पिता के बच्चे उससे दूर ही रहना चाहते हैं, क्योंकि वे कब क्रोधित हो जाएंगे उन्हें

अंदाजा नहीं होता है। इसके कारण बच्चों में अपना निर्णय लेने की क्षमता का अभाव हो जाता है।

4. पिता के पास अपने गुस्से को सकारात्मक रूप से बाहर निकालने (जैसे खेलकर या योग करके) का समय नहीं होता। अत: वो सबसे आसान रास्ते यानि गुस्सा करने को चुनते हैं जो कभी भी व कहीं भी किया जा सकता है।
5. क्रोध परिवारों में दौड़ता है। यदि पिता या अंकल क्रोधी हों तो बच्चे का क्रोधी होना आम बात है। एक आदर्श के अभाव में बच्चा क्रोधी स्वभाव ग्रहण कर लेता है।

अत: पिता सावधान हो जाएँ। उनका क्षणिक क्रोध करना परिवार में आपसी लगाव को पूर्णत: तबाह कर सकता है।

क्रोध पर काबू करना सीखें।

आधुनिक समय में मर्दों के सोच में काफी बदलाव आया है। नए नजरिए का विकास हुआ है—जिसमें औरतों का सम्मान करना अच्छा माना जाता है।

अपने अंदर निराशा के भाव के कारण जागृत होने वाले क्रोध को निकालने के लिए अनेक उपाय हैं।

निम्नलिखित तरीके अपनाएँ—

क्रोध आने के कारणों का विश्लेषण करें।

1. क्या ऑफिस से सम्बन्धित समस्या है?

2. क्या आर्थिक समस्या कारण है?

3. क्या आपकी अपनी व्यक्तिगत समस्या कारण है?

4. क्या आपके बच्चे का पढ़ाई में खराब प्रदर्शन कारण है?

5. क्या आपके बच्चे में अनुशासन हीनता, सोकर देर से उठने की आदत, खाने, पढ़ने, या अन्य कार्य करने में अनियमितता कारण है?

अब इन कारणों से निजात पाने की कोशिश करें:—

अगर ऑफिस या आर्थिक समस्या से परेशान हैं तो अपनी पत्नी को विश्वास में लें। बच्चों को भी बता सकते हैं। अपनी चिंता से उन्हें अवगत कराने से आप हल्का महसूस करेंगे।

आपकी व्यक्तिगत परेशानी का कारण कुछ भी हो सकता है, जैसे ऑफिस में सहकर्मी से प्रतिस्पर्धा, परिवार की जरूरतों को पूरा न कर पाने की असमर्थता, परिवार के लोगों से वैचारिक मतभेद, आदि। आपकी समस्या समाधान की क्षमता की कमी से उत्पन्न निराशा आपसे क्रोध के रूप में प्रकट होती है। इस स्थिति से निबटने का तरीका है कि आप बारी–बारी से एक–एक समस्या का निदान करने का प्रयास करें।

अगर आपके क्रोध एवम् निराशा का कारण आपके बच्चे की पढ़ाई में कमजोर होना है, तो पहले आप इसका कारण

जानने का कोशिश करें। हो सकता है कि बच्चे का शिक्षकों से समस्या हो, सहपाठियों से समस्या हो, पढ़ाई के विषयों से विरक्ति हो, अन्य क्षेत्र में पढ़ाई से उसका लगाव हो, या अन्य कारणों से भावनात्मक समस्या हो।

जब कारण पता चल जाए, तो बच्चे पर नाराज होने का कोई मतलब नहीं बनता है।

इस संबंध में एमा की कहानी किसी माता–पिता के लिए सीख लेने वाली है। उसकी माँ उस पर इस कदर हावी रहती थी कि एमा परेशान हो जाती थी। यह सही था कि एमा की माँ उसे बहुत प्यार करती थी एवम् उसकी सुरक्षा के प्रति अत्यंत गंभीर रहती थी। एमा जवान हो रही थी जिसके कारण उसकी माँ को उसे लेकर गंभीर चिंता रहती थी—उसकी सुरक्षा जरूरी थी। यही कारण था कि वह एमा को हर बात के लिए टोका करती थी। वह इस बात को मानने के लिए तैयार नहीं थी कि उसका एमा के प्रति व्यवहार गलत था।

क्रोध एक स्वभाविक भावनात्मक प्रतिक्रिया है। जब व्यक्ति परिस्थिति को वश में नहीं रख पाता है तो वह अचानक क्रोध करता है। अब प्रश्न यह है कि व्यक्ति को कब एवम् कैसे क्रोध आना चाहिए?

आप को क्रोध आता है, परन्तु उसके कारण पर ध्यान नहीं देते हैं। अक्सर क्रोध आने का कारण आपके मन में दब

कर घुमड़ते रहने वाला भावनात्मक प्रतिक्रिया एवम् निराशा का भाव होता है।

आपको खुद से पूछना चाहिए कि आप अपने क्रोध पर काबू कैसे रख सकते हैं। इसके लिए आप अपने मन में उन घटनाओं का काल्पनिक चित्र तैयार करें जो आपमें क्रोध का संचार करते हैं। तदोपरांत उन पर नियंत्रण करने का प्रयत्न करें।

निम्नलिखित बातों पर विचार करें:—

1. आपका क्रोध किस कदर आपके परिवार में खुशनुमा माहौल का नाश करता है।
2. जब किसी घटना के बारे में पूछ–ताछ करना चाहते हैं तो आपके परिवार के लोग जैसे, पत्नी, बच्चे डर कर हकलाने लगते हैं।
3. किस प्रकार के लोग सच्चाई छिपाने की कोशिश करने लगते हैं। आपके क्रोध के डर से आपसे झूठ बोलते हैं, जिससे आप के क्रोध का भाजन नहीं बन जाएँ। आपके निरीह, निश्छल स्वभाव के बच्चे सबसे ज्यादा प्रभावित होते हैं। आपके क्रोध से फटने के डर से तरह–तरह के बहाने बनाने की जुगत में लग जाते हैं।
4. आपको अपने क्रोध करने से सचेत रहना चाहिए। अपने प्रियजनों पर क्रोध करने से बचें।

याद रहे। अगर आप क्रोध को काबू में नहीं रखते हैं, तो क्रोध आपको अपने काबू में कर लेता है, तथा आप अपने आस–पास रहने वालों को अपने से दूर कर लेते हैं।

क्रोध व्यक्ति की स्वाभाविक प्रतिक्रिया होती है। अत: इस पर पूर्णतया विजय नहीं पा सकते हैं। क्रोध को सही तरीके से व्यक्त करें। क्रोध करना आसान है, परन्तु सही समय पर, सही कारणों से, सही ढंग से, सही व्यक्ति पर क्रोध करना आसान नहीं होता है।

बच्चों के माता–पिता में बच्चों के लिए चिंता, उनसे व्यवहार करने में कठोरता एवम् क्रोध–प्रदर्शन, माता–पिता के स्वयम् के अन्दर व्याप्त असुरक्षा की भावना एवम् तनाव का द्योतक होता है। अगर वे अपनी कमियाँ पहचान सकें तथा अपनी भावना पर कंट्रोल कर सकें तो उनका परिवार सुखी रह सकता है।

जब चिंता हावी हो जाए

चिंता का हावी होना माता–पिता के अपने बच्चों के पालन–पोषण को कुप्रभावित करता है। अधिकतर परिवारों में माँ का मानसिक तनाव तथा पिता का क्रोध पारिवारिक माहौल को बिगाड़ने का कारण होता है। अनेक अभिभावक–बच्चों के बीच उपजी समस्याओं के अध्ययन से मैंने यही जाना है।

याद रखें—माता–पिता की चिंता, असुरक्षा की भावना से उनके बच्चों में आत्म–विश्वास, स्वयम् पर भरोसा,

सामाजिक बात–व्यवहार की क्षमता का अभाव का निर्माण होता है।

तनाव किस प्रकार प्रभावित करता है?

एक चिंतित व्यक्ति हमेशा तनाव में रहता है एवम् असहज महसूस करता है। अतः—

1. वह अन्य व्यक्ति के साथ आपसी संबंध में जरूरत से अधिक तुनकमिजाज होता है।
2. वह निर्णय लेने में स्वयम् को अक्षम पाता है, क्योंकि उसे डर बना रहता है कि कहीं उसका निर्णय गलत न हो।
3. वह अनिद्रा की बीमारी से ग्रसित हो जाता है क्योंकि वह बीती हुई घटनाओं पर खाली समय में मंथन करता रहता है। मामूली गलतियों के लिए भी वह स्वयम् को या किसी अन्य को दोषी समझने लगता है जिसके कारण उसके नींद में खलल पड़ती है।
4. ऐसा तनाव ग्रस्त व्यक्ति अन्य लोगों से विमुख होकर अपने आप को अकेला कर लेता है, अतः वह अनेक प्रकार की व्यक्तिगत, पारिवारिक या सामाजिक समस्याओं से जूझता है।
5. उसमें समस्या सुलझाने तथा विवादों के प्रबंधन की योग्यता का अभाव होता है।

ऐसा क्यों होता है?

व्यक्ति में व्याप्त चिंता एवम् भय का संबंध उसके बचपन के दिनों में भय झेलने या गलत प्रकार की सीख मिलने से होता है। बच्चों के मन पर उनके माता–पिता की परिस्थिति के अनुसार खुद को ढ़ालने में असमर्थता का बहुत बुरा प्रभाव पड़ता है। अगर माता–पिता अपनी समस्याओं एवम् भय का सामना करने से कतराएंगे तो उनमें कठिन परिस्थिति तथा तनाव से आँखें मूंदने की आदत की संभावना होती है। इस कारण उनमें मानसिक एवम् शारीरिक बीमारी का जन्म होता है, तथा वे व्यक्तित्व दोष के शिकार हो जाते हैं।

फितूर

रेवती दो बच्चों की माँ है। उसे सफाई–धुलाई करने का फितूर था। इस पर वह इतना समय बर्बाद करती थी कि उसे अन्य कार्य करने का समय नहीं मिलता था।

अब जानने का प्रयत्न करेंगे कि ऐसा फितूर जिससे रेवती के अलावा अनेक अन्य ग्रसित होते हैं, को क्या कहते हैं? इस समस्या को व्यक्ति पर बुरी तरह हावी फितूर भरे व्यवहार की गड़बड़ी के नाम से जानते हैं। इसमें व्यक्ति अजीबों–गरीब हरकत करता है जैसे, बार–बार हाथ धोना, स्नान करना, कपड़े धोना, बार–बार गिनती करके संख्या की तसल्ली करना, बार–बार ताला बंद हुआ या नहीं इसकी जाँच करना, आदि।

फितूर से ग्रसित व्यक्ति अपने विचारों, क्रिया–कला में इस बुरी तरह जकड़ा हुआ होता है कि उसे अपने बच्चों की देखभाल के लिए मुश्किल से समय मिलता है। इसके कारण अभिभावक के व्यवहार में रिश्तों की गरमी की कमी एवं उग्रता दिखाई देती है।

अभिभावकों को यही सलाह है कि वो अपने फितूर पर लगाम लगाएँ। फितूर कठोरता में बदल जाता है। यह व्यक्ति की अक्षमता को भी उजागर कर देता है।

मानसिक–शारीरिक विकार

व्यक्ति में भावनात्मक तनाव, जो कठिनाई पूर्ण परिस्थिति के कारण जन्म लेता है, के उफान के कारण मानसिक एवम् शारीरिक विकार आता है।

मानसिक दबाव में रहने वाले अभिभावक स्वयम् को असहाय महसूस करते हैं, अत: समस्या आने पर उसका निराकरण करने में अक्षम होते हैं, एवम् अपनी जिम्मेवारी से भागते हैं। परिणाम स्वरूप अनेक प्रकार की मानसिक–शारीरिक व्याधियों से ग्रसित हो जाते हैं। अगर एक व्यक्ति लंबे अरसे तक तनाव एवम् मानसिक दबाव में रहता है तो उसमें शारीरिक बीमारी के लक्षण दिखने लगते हैं जिसका स्रोत उसकी मानसिक स्थिति होता है। मानसिक अवस्था के कारण उत्पन्न भावनात्मक प्रतिक्रिया का अनेक शारीरिक विकारों जैसे-माइग्रेन, अल्सर, उच्च रक्त–चाप, दिल के दौरे से संबंध होता है।

शांत रहें, भावना को वश में रखें

आगे देखेंगे कि स्थायी रूप से मानसिक तनाव किस प्रकार अनेक प्रकार की शारीरिक व्याधियों को जन्म देता है:—

1. सिरदर्द एवम् माइग्रेन

भावनात्मक तनाव से सिर के स्नायु–तंत्र में सिकुड़न होने के कारण सिर दर्द होने लगता है। सिर दर्द से बेचैन होने के कारण व्यक्ति दवा का सहारा लेता है। लेकिन मानसिक तनाव के कारण सिरदर्द में कमी नहीं आती है। अत: घबराने के बजाय मानसिक तनाव से छुटकारा पाने का उपाय करें।

2. अल्सर

चिंता, क्रोध, एवम् अन्य नकारात्मक भावना की स्थिति के कारण पेट में एसिड अधिक मात्रा में बनने लगता है। जरूरत भर एसिड तो भोजन पचाने के लिए ठीक है, परन्तु इसकी अधिक मात्रा से पेट की आंतरिक परत को क्षति पहुँचती है जिससे अल्सर हो जाता है।

अत: अल्सर का इलाज दवा नहीं है, वरन् भावनात्मक तनाव के कारणों पर नियंत्रण है।

3. उच्च्व रक्तचाप

अगर कोई व्यक्ति भावनात्मक तनाव में जीता है तो उसका दिल सबसे ज्यादा प्रभावित होता है जिसके कारण उच्च्व रक्तचाप की बीमारी हो जाती है।

4. दिल का दौरा

इस बीमारी का संबंध व्यक्ति के जीवन में अकेलेपन, अनिद्रा, चिंता, डिप्रेशन, जीवन–लक्ष्य पाने में असफलता, जैसी-समस्याओं से होता है। तनाव के प्रति उग्र प्रतिक्रिया तथा अपनी व्यथा अन्य लोगों से बाँटने की अनिच्छा दिल की बीमारी के संकट को बढ़ाता है। अधिकतर अंतर्मुखी लोग अपनी समस्या दूसरों के साथ नहीं बांटते। उनके लिए आवश्यक है कि वो अपनी उच्च-रक्तचाप व रक्त-शर्करा के अंतर्निहित कारण को पहचानें, इससे पहले कि कोई दुर्घटना घट जाए।

5. दमा

कुछ मामलों में दमा का कारण अत्यधिक तनाव से जुड़ा पाया गया है। ऐसे व्यक्ति भावनाओं से जुड़े मुद्दों को संभाल नहीं पाते। अत्यधिक तनाव से दमे का दौरा पड़ सकता है, अत: ऐसी स्थिति से बचने के लिये बाह्य सहायता लें।

चिंता, कठोरता, क्रोध व अनुशासनहीनता व्यक्ति पर नकारात्मक प्रभाव के सूचक हैं।

दो बड़े बेटों की माँ, जिसका नाम बिन्नी है, कहती है:—मैं अक्सर नींद से बोझिल महसूस करती हूँ। जब भी मैं कुछ काम करना शुरू करती हूँ तो मैं खड़ा रहने में असमर्थ महसूस करती हूँ। मेरा दिल जोर–जोर से धड़कने लगता है।

इस कारण मैं अपने परिवार का ध्यान नहीं रख पाती हूँ। मुझे लगता है कि मेरे बच्चे खुद को असहाय समझते हैं।

ऐसे माता–पिता में दृढ़ निश्चय का अभाव होता है। वे अपनी समस्याओं के समाधान करने में अक्षम महसूस करते हैं। इन कारणों से वे अनेक प्रकार की शारीरिक व्याधि के शिकार हो जाते हैं। वे अपने बच्चों की देखरेख करने में समय नहीं दे पाते हैं, जिसके कारण बच्चे अनेक प्रकार की मानसिक एवम् भावनात्मक समस्याओं से ग्रसित हो जाते हैं। इसी कारण से बिन्नी का सोलह वर्षीय बेटा अपने मित्र मण्डली में ज्यादा से ज्यादा समय बिताता है, तथा शराब पीने, सिगरेट व्यसन, आदि बुरी आदतों में लिप्त रहता है। उसकी माँ, बिन्नी को इसका आभास तक नहीं है।

एक अन्य उदाहरण रोजी का है जो अपनी तेरह वर्षीय बेटी का ख्याल नहीं रख पाती है, क्योंकि वह खुद को बीमार समझती है।

एक और माँ, जेना, अक्सर सिर–दर्द–माइग्रेन–से पीड़ित रहती है, तथा अपनी सोलह वर्षीय बेटी का उचित ख्याल नहीं रख पाती है। माँ की इस कमी के कारण बेटी उदास रहती है। उसका कहना है कि उसकी माँ हमेशा बिस्तर पर ही रहती है, तथा पिता चुप–चाप रहते हैं। उसे लगता है कि उसका कोई भी नहीं है जिसके साथ वह अपनी समस्याएँ कह सके।

लेकिन अब सभी माताएँ–बिन्नी, रोजी, एवम् जेना अपने दृढ़ निर्णय से काफी बदल चुकी हैं। उनमें आए बदलाव से मैं चकित हूँ। उन्होंने अपनी मानसिक समस्याओं पर विजय पा लिया है। अनेक प्रकार के बीमारियों के लक्षण से अब वे मुक्त हैं तथा अब वे अपनी बच्चों के प्रति जिम्मेवारी का निर्वाहन भली–भांति कर रही हैं। यह सोच कर वे शर्मिन्दा हैं कि उनकी अज्ञानता के कारण बच्चे बर्बाद हो रहे थे। अपनी दृढ़ता से वे अपनी शारीरिक एवम् मानसिक स्वास्थ्य पर आश्चर्यजनक सुधार कर सकीं। अब उन्हें किसी प्रकार की दवा का सेवन नहीं करना पड़ता है।

दृढ़ निश्चय

याद रखें कि अपनी समस्याओं को लेकर हर समय सिर पीटना सबसे बड़ा पाप है। बच्चों की देखभाल में चूक करना भी पाप है।

अपनी समस्याओं को पीछे छोड़ कर आगे बढ़ने के लिए निम्नलिखित बातों पर ध्यान दें:—

1. अपने बच्चों से नियमपूर्वक बात करें।
2. बच्चे का स्कूल–बैग, नोट–बुक, डायरी का रोजाना निरीक्षण करें।
3. बच्चे को अपना रूम, बिस्तर, कपड़े करीने से सजा कर रखने के लिए प्रेरित करें।
4. बच्चे को स्कूल का होमवर्क करने में सहायता करें।

5. बच्चे के स्कूल में दोस्तों एवम् उनके माता–पिता से अंतरंग संबंध स्थापित करें।
6. बच्चे से उसके सहपाठियों, घटनाओं, अन्य अनुभवों के बारे में बात करने के लिए कुछ समय निकालें।
7. बच्चे के साथ बाजार जाएँ, बाहर खाना खाएँ, फिल्म देखें।
8. बच्चे को जिस काम को करने का शौक है उसमें आप रूचि दिखाएँ जिससे उसे प्रोत्साहन मिलता है।
9. बच्चे के साथ न्यूजपेपर पढ़ें तथा सामान्य ज्ञान की बातों पर चर्चा करें।
10. घर की आर्थिक विषयों पर चर्चा करें, पैसे की बचत एवम् निवेश पर बच्चे से सुझाव लें। अगर इन सब बातों के लिए आपके पास समय नहीं है तो आप स्वयम् को भावनात्मक बीमारी का शिकार बनाते हैं।

याद रखें कि उपयुक्त नियमों का पालन करके आप अपने परिवार में आपसी स्वस्थ संबंधों का निर्माण करेंगे।

अपने आप का आकलन करने का तरीका

इसके लिए सबसे अच्छा तरीका अपने रोजमर्रा का डायरी लिखना है। बाद में इसे पढ़कर आप जान सकते हैं कि आपकी कौन–सी समस्या एवम् किस व्यावहारिक तौर–तरीके से आपके परिवार को नुकसान हुआ है। इस जानकारी

से आप अपने में सुधार ला सकते हैं। (परिशिष्ट–1 देखें) सोच–समझकर निम्न प्रश्नों का उत्तर दें:—

1. आप अपना आपा क्यों खो देते हैं?
2. आप जो भी कार्य करते हैं उसे क्या प्रेरित करता है?
3. परिस्थिति से समझौता करने से आपको किस कारण कठिनाई महसूस होती है?
4. जब अपने मनोभावों को परिवार के लोगों से बाँटने की जरूरत हो तो आप चुप्पी क्यों साध लेते हैं?
5. आप अपने मित्रों या सहकर्मियों के सामने अपने परिवारजनों का निरादर क्यों करते हैं?

ये सब बातें सामान्य प्रतीत होती हैं। हम जो कुछ करते हैं या सोचते हैं वे सब स्वयम् के दृष्टिकोण से सही लगते हैं क्योंकि हम शायद ही कभी उसका आंकलन करते हैं कि हमारा व्यवहार किस कदर बच्चों को प्रभावित करता है।

आप अपनी आंतरिक नकारात्मक सोच तथा उसके आपके बच्चों पर कुप्रभाव को रोक सकते हैं अगर आप अपनी समस्याओं एवम् कमजोरियों को जान लें। प्रत्येक व्यक्ति का इस समस्या से निबटने का अपना खास अंदाज होता है। अगर आप में भी अपनी समस्याओं को समझने–परखने का गुण है तो आप मधुर पारिवारिक वातावरण का आनंद ले सकते हैं।

अभिभावक गण! जैसे ही आप अपनी व्यवहार सम्बन्धी समस्याओं का कारण जान लेंगे, आप स्वयम् में आश्चर्यजनक बदलाव का अनुभव करेंगे। आपका अन्य लोगों से बातें करने का तरीका आपके व्यक्तित्व का प्रतिबिंब होता है। आपकी सही सोच से आपकी बच्चों की देखरेख में आने वाली समस्याओं का खात्मा हो जाएगा।

चिंताग्रस्त माता–पिता के लिए सुझाव

अपनी समस्याओं को पहचानें एवम् उनसे निबटने का कारगर तरीका अपनाएँ।

1. एकान्त में कुछ देर बैठ कर अपनी कष्टदायक बातों का हल खोजें।
2. सच्चाई से मुँह मत फेरें, उसको स्वीकारें।
3. सच तथा काल्पनिक परिस्थितियों में भेद करें।
4. ऐसी डरावनी परिस्थितियों के बारे में विस्तार पूर्वक लिखें जो आपके दिमाग पर छा जाती है, तथा जिनसे आप छुटकारा चाहते हैं।
5. अपने जीवन की उन परिस्थितियों में, जो आपके व्यवहार में गलत तरीकों के लिए जिम्मेदार है, बदलाव लाएँ।
6. अपने को तनाव मुक्त करने के लिए ऐसी स्वास्थ्यवर्द्धक हॉबी को अपनाएँ जो आपको शारीरिक तथा मानसिक रूप से चुस्त रखे।

7. अपनी समस्याओं एवम् विचारों को विस्तार से नोट–बुक में लिखें—चाहे ये सब कितना ही डरावना क्यों न हो।

8. समान विचार वाले लोगों के साथ अपनी समस्याओं पर बात करें।

9. अपने बच्चों के साथ थोड़ा ही सही–परन्तु गुणवत्ता पूर्ण समय अवश्य बिताएँ। बच्चों के काम में भागीदारी निभाएँ। इससे आपकी चिंता ग्रस्त स्थिति में सुधार आएगा।

10. स्वयं को खेल, कला, लेखन, संगीत आदि रचनात्मक क्रियाकलापों में लगाएं। विश्व के कई महान कलाकार ऐसा ही करते हैं। इससे न केवल आपकी दबी भावनाएं मुक्त होंगी,बल्कि आपके जीवन में नवीनता भी आएगी।

इन तरीकों को अपनाने से आप खुद में गजब का बदलाव का अनुभव करेंगे तथा काफी हद तक आपकी चिंता ग्रस्त स्थिति में सुधार आएगा तथा आपके बच्चे आपसे खुल कर बातें करने के लिए प्रोत्साहित होंगे।

अपनी चिंताग्रस्त मानसिक स्थिति से निबटने हेतु इन तरीकों से जो अच्छा लगे वैसा करें।

निष्कर्ष

अगर माता–पिता अपनी चारित्रिक कमजोरियों को अपने बच्चों के सामने प्रदर्शित करने से जरा सावधान रहें तो हमारे समाज को स्मार्ट, गलती–रहित नैतिकता एवम्

मानसिकता से भरपूर नौजवान अगली पीढ़ी में मिलेगा। यह पीढ़ी अपने को निम्न वर्णित खामियों से, जो स्वस्थ सामाजिक मान्यताओं से परे है, बचाने में सक्षम होगा:—

अनुशासनहीनता

क्रिया कलाप में आदतन खामियों का एक बड़ा दायरा अनुशासनहीनता के तहत आता है, जैसे, सोने, खाने–पीने, कार्य करने के समय में अनियमितता, अश्लील शब्दों का बोलने में प्रयोग, विनम्रता की कमी, आदि। इसका उग्र रूप शराब, ड्रग आदि के सेवन का व्यसन, आपराधिक क्रियाकलाप जैसे जुआ, धोखाधड़ी आदि। इन सब खराब आदतों के पीछे व्यक्ति का सामाजिक एवम् पालन पोषण, परिवेश, माता पिता का प्रभाव, संगी-साथियों का प्रभाव, तथा व्यक्ति के खुद की मानसिकता जिम्मेदार होते है। इस सब के अलावा अनुवांशिक प्रभाव अगर उभरता है तो यह आग में घी का काम करता है।

अक्सर देखा गया है कि बुरी आदतों से ग्रसित व्यक्ति वैसे ही आदतों से ग्रसित अन्य व्यक्ति की संगति के प्रति आकर्षित होता है। किसी व्यक्ति के बातचीत करने, व्यवहार करने, समाज के अन्य लोगों से मेलजोल के तरीकों से उसके खुद के बच्चों के अभिभावक धर्म निभाने का आधार तय होता है। यद्यपि कहावत है कि बुरी आदतें बड़ी मुश्किल से छुटती हैं, लेकिन बदलते समय के साथ हमें

अपनी इस धारणा में बदलाव लाने की जरूरत है। क्योंकि एक भावी माता–पिता जो कई प्रकार के अनुशासनहीनता से ग्रसित हैं, अपनी संतान के जन्म लेने से पहले स्वयम् में काफी सुधार ला सकते हैं। यह मान लेना कि उसकी बुरी आदतों में कभी सुधार होगा ही नहीं गलत है। व्यक्ति को अपने अंदर की बुरी आदतों के बारे में स्पष्ट जानकारी होनी चाहिए, जिससे कि वह खुद में सुधार ला सके। इसके लिए सकारात्मक प्रयास की जरूरत है।

आजकल अभिभावक गण इस बात से पूर्णतया अनभिज्ञ होते हैं कि किस प्रकार उनका व्यसन बुरी आदतें एवम् पैसा कमाने की हवस में अनैतिक गतिविधियों में लिप्तता उनके बच्चों में रिक्तता का भाव भर देते हैं। परिणामत: उन बच्चों की अपनी अलग दुनिया बन जाती है एवम् वे गलत राह पर चल देते हैं।

उदाहरण स्वरूप एक केस बारह वर्षीय लड़के परेश का है। उसे अपने पिता की गाली के साथ बातें करने की आदत से शर्मिन्दगी होती थी। ऊपर से उसके माता–पिता दोनों को तंबाकू की लत थी। उसकी माँ गुस्सैल थी। उन दोनों की बुरी आदतों से बच्चा शर्मिंदगी महसूस करता था। अपनी भावनाओं को वह किससे बांटता! परिणाम स्वरूप उसने घर में काम करने वाले नौकर से नजदीकी का रिश्ता बना लिया, जिसके साथ वह बीड़ी पीने लगा।

एक अन्य बच्चा, शिवम, जो दस वर्ष का था, अत्यंत आलसी स्वभाव का था, जो उसने अपने माता–पिता की अनियमित कार्य शैली से सीख लिया था, सो कर देर से उठने की आदत के कारण उसे अनेक प्रातः कालीन रोजमर्रा के कामों को करने का समय नहीं मिलता था। उसकी माँ उसकी लेट–लतीफी एवम् कर्तव्यहीनता की आदत को समझ नहीं पा रही थी। वह समझ नहीं पा रही थी कि इस बारे में शिवम् से कैसे बात करे तथा उसे समझाये कि नियमित समय पर काम करने का क्या महत्व है, क्योंकि लेट लतीफी की आदत का शिकार वह खुद थी। अब ऐसा तो संभव ही नहीं है कि जिन अच्छी आदतों का स्वयम् माता–पिता में अभाव है, उन आदतों को वे अपने बच्चे में उतार दें।

एक पन्द्रह वर्षीय लड़की शमा, अपनी माँ की इन्टरनेट पर दोस्तों से संपर्क करने की आदत से परेशान रहती थी। इस चक्कर में उसकी माँ को उसकी परवाह करने का समय ही नहीं था। इस कारण उसका पढ़ाई से मन उचट गया। इस विषय पर सलाह लेने के लिए एक दिन इस लड़की को मेरे पास लाया गया। उसके मन में असुरक्षा की भावना, भय, अकेलापन घर कर गये थे। वह परेशान रहती थी कि उसकी माँ उसके बजाय अन्य लोगों के साथ समय बिताती थी। लेकिन बेटी पर कुप्रभाव से उसकी माँ बिलकुल अनभिज्ञ थी।

एक सोलह वर्षीय बच्चा, रनबीर, अपने माता पिता दोनों से कोई लगाव नहीं महसूस करता था। उसकी माँ कम्प्यूटर पर दाँव लगाने के खेल की आदी हो गई थी तथा अंतत: अपने बच्चे रनबीर को भी इस आदत का शिकार बना दिया था। उसके पिता को मोबाइल पर चिपके रहने की आदत थी, जिसके कारण वे भी अपने बच्चे से बे–परवाह रहते थे।

एक दिन रनबीर के दाँव लगाने के खेल में काफी पैसा गँवाने के बाद उसके माता पिता को होश आया। तब तक उसने घर का कीमती सामान एवम् गहने चुराना शुरू कर दिया था। उसकी माँ ने कहा कि उसने तो अपने बच्चे को आन–लाइन दाँव लगाने के खेल में महज मजे के लिए अपने साथ शामिल किया था। कभी सोचा भी नहीं था कि परिणाम इतना बुरा होगा।

एक अन्य पति–पत्नी का केस है, जिसमें वे लोग अपने आठ–वर्षीय पुत्र विशाल, को घर में छोड़कर पार्टी में जाने के आदी थे। इसके एवज में विशाल को घर में सारी सुविधाएँ उपलब्ध थी जिसे पैसे से खरीदा जा सकता है। परन्तु उसका बचपन लगाव की भावना से विहीन हो गया। इस स्थिति के कारण बच्चे में जिम्मेदारी का अभाव एवम् व्यवहार में गड़बड़ी इस कदर अधिक हो गयी थी कि तेरह वर्ष की उम्र में उसने स्कूल जाना छोड़ दिया था। अब उसके माता–पिता को बात की गंभीरता का एहसास हुआ। हतप्रभ अवस्था में वे मेरे पास मदद एवम् मार्ग–दर्शन के लिए आए।

उपर्युक्त वर्णित पारिवारिक समस्याएँ लगभग एक समान हैं। माता–पिता कहते हैं कि उन्होंने संयमित आचरण का पालन किया है तथा हमेशा परिवार के साथ सहयोग किया है। लेकिन मेरे अनुसार वे अभिभावक कर्त्तव्य निभाने में चूक किए हैं तथा अपने बच्चों की भावनात्मक जरूरतों को अनदेखा किया है। शमा, विशाल रनबीर—तीनों के केस में यही बात देखने को मिली। सही देखरेख/ पालन–पोषण के अभाव में उनके बच्चे स्कूल की पढ़ाई से विमुख हो गए तथा माता–पिता का उनसे लगाव नहीं होने की भावना उनमें घर कर गई। माता–पिता समझ नहीं सके कि कैसे उनके खुद के व्यक्तित्व के कारण उनके बच्चों में गलत मानसिकता का निर्माण हुआ। क्या आपने कभी ध्यान दिया है कि आपके व्यवहार में अनुशासन की कमी से आपको बच्चों में उनकी समस्याएँ पैदा होने का खतरा होता है। जिसके कारण बच्चे नशाखोरी जैसे हानिकारक व्यसन की तरफ उन्मुख हो सकते हैं?

बच्चों में अनुशासनहीनता आम तौर पर उनके माता–पिता के उच्छृंखल मौज–मस्ती करने की आदत है जिसके कारण वे बच्चों की भावनात्मक जरूरतों से बेखबर हो जाते हैं, को प्रतिबिंबित करता है।

अपने हाल पर अकेले छोड़ दिए जाने के कारण बच्चे गलत संगति के शिकार हो जाते हैं। उनमें आक्रामकता तथा अपने कर्तव्य से पलायन की आदत का विकास हो जाता है।

प्रहलाद एक मशहूर धनी व्यक्ति का बेटा है। उसकी एक साधारण हैसियत वाले परिवार की लड़की से दोस्ती को उसके धनी माता–पिता नापसंद कर रहे थे। प्रहलाद का कहना था कि उसका बचपन एक देखभाल करने वाले नौकर के सहारे बीता है। मुझे माता–पिता के धन से कोई लगाव नहीं है। मैं एक सामान्य स्तर का परिवार चाहता था—जैसा कि मीनाक्षी नाम की लड़की का परिवार है, जो मेरे पड़ोस में रहती है। मीनाक्षी का परिवार एक सुखी परिवार है तथा मेरा भी ख्याल रखता है।

एक सत्रह वर्षीय लड़का, निखिल, एक उच्च–वर्गीय स्तर के समाज से आता है। उसने जुए में लाखों रूपए गवां दिये। यह जानकर उसके माता–पिता को जोर का झटका लगा। निखिल में अपने माता–पिता के प्रति काफी कड़वाहट भरी थी। उसका कहना था कि उसने वही किया जैसा उसके माता पिता चाहते थे। उन लोगों ने उसे दोस्तों से मेल–जोल बढ़ाने तथा क्लब जाने के लिए प्रेरित किया। मैंने वैसा ही किया। अब अगर जुआ में पैसे हार गया तो क्या बड़ी बात हो गई? आगे दाँव में मैं हारी हुई रकम वापस जीत सकता हूँ। लेकिन अब मेरे माता–पिता मेरे हरेक काम पर नजर रखते हैं तथा अपना विरोध जताते हैं।

मेरे सामने एक पिता बैठे हुए थे, जो अपनी तेरह–वर्षीय बच्ची की हरकतों से परेशान थे। बच्ची, जिसका नाम नन्दिता था, को महंगे एवम् नामी उत्पादकों द्वारा निर्मित

वस्तुओं को खरीदने तथा इस्तेमाल करने का नशा–सा हो गया था। बेटी की आदतों की आलोचना करते–करते उसके पिता ने एक राज की बात बताई कि वे हमेशा नया मोबाइल फोन बाजार में आते ही सबसे पहले खरीदते हैं— यह उनका शौंक है।

अब आप समझ सकते हैं कि उनकी बेटी का क्या दोष है?

एक छः वर्षीय बच्चे अर्जुन की पैंतीस वर्षीय माँ, अनामिका मेरे पास अपने बच्चे की झूठ बोलने, अनर्गल बातें करने, अनुशासनहीनता तथा जिद्दीपन की बुरी आदतों की शिकायत लेकर पहुँची। पड़ताल करने पर मैं हतप्रभ हो गई कि अर्जुन के माता–पिता स्वयम् अनेक प्रकार की धोखाधड़ी के केस में फंसे थे। उसकी माँ अपने बनावटी आकर्षण के जाल में फंसा कर लोगों को ठगती थी। वह आदतन झूठ बोलती थी तथा भावनारहित, कठोर स्वभाव की औरत थी। ऐसी औरतों के पति भी उसको बढ़ावा देते हैं तथा प्रभावशाली मर्दों को ठगने में साथ देते हैं। परन्तु जब उनके बच्चे उसी राह पर चल निकलते हैं तो उन्हें बुरा लगता है। अपनी कमजोरियों को स्वीकार नहीं करते हैं, वरन् हठधर्मिता के कारण अपने कारनामों को सही ठहराते हैं। उनको समझा बुझा कर सही रास्ता दिखाना अक्सर व्यर्थ होता है। अनामिका अपने बच्चे, अर्जुन के लिए चिंतित थी, परन्तु स्वयम् के लिए नहीं। वह अपनी करनी को सही ठहराने के लिए तर्क दिए जा रही थी। ऐसे माता–पिता को

स्वयम् के गलत व्यवहार का अपने बच्चों पर कुप्रभाव के प्रति सचेत रहना चाहिए। "बच्चे अपने माता-पिता के अभिन्न अंग होते हैं, अत: अगर आइना ही गंदा हो तो प्रतिबिंब कैसे अच्छा होगा?"

किटी पार्टी, ब्यूटी-पार्लर आदि जाना आपकी खुशनुमा जिंदगी का द्योतक है, परन्तु इन गतिविधियों में डूब जाना दर्शाता है कि आप अपनी व्यक्तिगत कठिन परिस्थितियों से जूझने में अक्षम हैं जिसके कारण समस्याएँ गंभीर होती जाती हैं। यह सब आपके बच्चे की मनोदशा पर अमिट छाप छोड़ती है, तथा आप अपनी जिम्मेदारी निभाने से भाग कर बनावटी आनन्द-दायक गतिविधियों को भरपूर महत्व देने लगते हैं।

अभिभावक-गण! ध्यान दें

आपके बच्चे अपने प्रति आपकी विमुखता को मानसिक रूप से झेल नहीं पाते हैं। अगर आप अपनी समस्याओं में इतना डूबे हुए हैं कि बच्चे का ध्यान रखने में चूक जाते हैं, तो बच्चों में भावनात्मक तनाव पैदा हो जाता है। अत: बच्चों के साथ उनके माता-पिता की गुणात्मक समय बिताने की आवश्यकता में कभी भी चूक नहीं होनी चाहिए।

अभिभावकों को अनुशासन के दायरे में रहने के लिए निम्नलिखित बातों का अनुसरण करना चाहिए:—

- जो आप स्वयम् पालन नहीं करते, वैसा करने का उपदेश नहीं दें।
- जब आप पार्टी में जाने, टेलीविजन देखने में व्यस्त हैं, तो बच्चों को पढ़ने के लिए बैठने को नहीं कहें।
- बच्चे पर आपकी अपनी सुविधानुसार सोने या खाने के लिए दबाव नहीं डालें।
- बच्चे से झूठ कह कर पार्टी या पिक्चर देखने नहीं जाएँ।
- अपने बच्चे को परिवार के अन्य सदस्यों या अतिथि के सामने डांटने से बचें।
- आपके मित्र–मण्डली के चरित्र का आपके बच्चे पर बहुत प्रभाव पड़ता है। अत: आपको अपने मित्रों के चुनाव में सचेत रहना चाहिए।
- प्रत्येक काम करने के लिए एक रूटीन का पालन करना चाहिए, तथा अपने बच्चे को भी उसका पालन करने के लिए प्रेरित करना चाहिए।
- बड़ों का सम्मान करें अगर आप अपने बच्चों को वैसा करने की सीख देना चाहते हैं।
- अगर आप शाह खर्च हैं वो सावधान! आपके बच्चे आपकी नकल करेंगे।

अत: आप ऐसा भी नहीं करें जैसा आपको अपने बच्चे का करना अच्छा नहीं लगे। अगर आप अपने बच्चों के साथ विश्वास से परिपूर्ण भरोसेमंद संबंध स्थापित नहीं करते हैं

तो उनका आपके साथ भावनात्मक लगाव भी खतरे में पड़ जाएगा।

आपका बच्चा आप में कौन-से गुण चाहता है? उत्तर है: प्रेम, भरोसा, स्पष्टवादिता, ईमानदारी, दूसरों के लिए चिंता, मानवता, शिष्टता आदि। जो अभिभावक इन गुणों से वंचित हैं, वो बच्चे की आशाओं को तोड़ते हैं।

"दूसरों के दुख समझने की क्षमता एक लाइटहाऊस की तरह आपको सही रास्ता दिखाती है, परिपक्व बनाती है, शक्ति देती है, और अंतत: आपके बच्चे एवं पत्नी से सही व्यवहार करने का तरीका बताती है।"

पुरानी यादें

जब एक अभिभावक स्वयम् बच्चा रहा था

मैंने पाया है कि अधिकतर अभिभावक, जो अपने बच्चों के व्यवहार में उत्पन्न समस्याओं को लेकर मेरे पास आते हैं, स्वयम् अपने बचपन में गलत देख–भाल के शिकार हुए थे। ऐसे अभिभावक शुरू तो करते हैं अपने बच्चों में व्यवहार की समस्या की शिकायत से, परन्तु अंत करते हैं अपने बचपन में माता–पिता के बीच मतभेद, उनकी आर्थिक समस्याएँ एवम् परिवार में गलत माहौल की व्यथा से। उस माहौल का उनके वयस्क काल में व्यवहार करने के ढंग पर असर पड़ता है। वैसे अभिभावक, जो अपने बचपन के माहौल से मिली विरासत में व्यक्तित्व में खामियों को

पहचान लेते हैं तथा उसमें सुधार कर लेते हैं, सही ढंग से अपने बच्चों की देखभाल करने में सक्षम होते हैं। माता पिता की मानसिकता तथा हठधर्मिता उन्हें परिस्थिति–विशेष पर विचार करने तथा सही मूल्यांकन करने से रोकती है।

समय में बदलाव एक स्वाभाविक प्रक्रिया है। उसी प्रकार हमारे अंदर भी बदलाव एक स्वाभाविक प्रक्रिया होती है। जहाँ तक अभिभावक से संबंधित समस्या का प्रश्न है, उनका तर्कसंगत स्व-विश्लेषण सफल होने का मंत्र है। स्वयम् को मानसिक रूप से दुरूस्त रखने का सबसे उत्तम तरीका है कि आप अपनी खामियों को स्वीकार करें, जो आपके माता–पिता अज्ञानतावश आपके संस्कार में डाल गए थे तथा उन खामियों से स्वयम् को मुक्त करें तथा उन गलतियों को करने से बचें।

पीछे मुड़ कर देखें

अभिभावकों! पीछे मुड़ कर भूतकाल में देखने से अपने बचपन की समस्याओं के प्रति सचेत होने में मदद मिलती है तथा आप अपने बच्चों से वैसा व्यवहार करने की गलती से बच सकते हैं।

अपने बचपन में जिन बातों से वंचित रह गए थे, उनका तर्कसंगत विश्लेषण करें।

दो दशक से अधिक समय पहले आप खुद एक निश्छल बच्चे थे। वह बच्चा अपनी शरारती हरकतों के परिणाम से बे–फिक्र रहता था तथा आप के माता–पिता आपकी

शरारतों से परेशान रहते थे। फिर भी माता–पिता की आँखों का तारा थे। दूसरी तरफ आज के माता–पिता अपनी बचपन में झेली गई कमियों से आज के बच्चे को मिलने वाली सुविधाओं की जब तुलना करते हैं तो पाते हैं कि उसके बावजूद इच्छित परिणाम नहीं मिल रहा है।

विभिन्न व्यक्तियों ने अपने बचपन की यादों को ताजा किया:—

एक ने कहा कि उसका बचपन पिता की आर्थिक स्थिति ठीक नहीं होने के कारण कमियों में गुजरा। असल में संयुक्त परिवार होने के कारण मेरे पिता को अपने भाई के बच्चों की देखभाल भी करनी पड़ती थी। अत: वे मेरी जरूरतों को नजरअंदाज किया करते थे। परिणाम स्वरूप मुझे अपनी इच्छाओं को दबाना पड़ता था, जिससे मुझे अपने चचेरे भाइयों से प्रतिस्पर्धा का भाव रहता था।

दूसरे के अनुसार आर्थिक तंगी के कारण उसके पिता चाहते थे कि वह जल्दी से नौकरी करने लगे तथा पिता की आर्थिक सहायता करने लगे। लेकिन वह पढ़ाई आगे जारी रखना चाहता था जिससे वह अच्छी नौकरी पा सके तथा परिवार को खुश रख सके। अब उसके पास सब कुछ है तथा अपने बच्चे को सब सुविधा मुहैया करा सकता है। इसके बावजूद उसके बच्चे को उससे काफी शिकायतें हैं। वह समझ नहीं पाता है कि ऐसा क्यों है?

तीसरे ने कहा, "मेरे बचपन–काल की विडम्बना थी कि मुझे अपने माता–पिता को आर्थिक, पारिवारिक, अन्य व्यक्तिगत समस्याओं को लेकर लड़ते–झगड़ते देखना पड़ता था। दुखी होकर मैं रात–रात भर सो नहीं पाता था। पढ़ाई में मेरा मन नहीं लगता था। मैं उनको बता नहीं पाता था कि उनके आपसी झगड़ों से मैं किस कदर दुखी रहता था। मैं अपने माता–पिता के प्यार से वंचित हूँ–ऐसा लगता था। लेकिन जब मैं स्वयम् पिता बन गया तो मैंने तय किया कि मैं अपने बच्चों को अपनी व्यक्तिगत समस्याओं से प्रभावित नहीं होने दूँगा। मैं अपने बच्चों की उत्तम तरीके से देखभाल करूंगा। परन्तु इन सब के बावजूद मेरे बच्चे मेरी आशा के अनुरूप नहीं बन पाए। मैं समझ नहीं पा रहा हूँ कि ऐसा क्यों हुआ।'

एक अन्य ने कहा, "मैं अभिभावक की गलत देख–रेख का शिकार था। पिता शराबी था। मैं अपनी माँ का दर्द देखा करता था। माँ स्वयम् भी पिता के क्रोध एवम् हंगामे को झेलती थी। उसका मानसिक दबाव तथा पिता के शराब की लत के कारण मुझे बहुत सीख मिली। मैं ऐसे माता–पिता के बच्चे का दर्द समझता हूँ। अत: मेरे लिए मेरा बच्चा सबसे पहले आता है तथा मैं उसे सही स्नेह देना चाहता हूँ। इसके बावजूद मैं देखता हूँ कि मेरा बच्चा मुझ से विमुख रहता है। मैं इसका कारण नहीं समझ पाता हूँ।"

एक पिता ने कहा कि उनके अभिभावकों ने कड़े नियम बना रखे थे और उन्हें उनका पालन करना ही पड़ता था,

बगैर प्रश्न किए। मगर वो अपने बच्चे पर कोई नियम नहीं लादते। बावजूद इसके उनका बच्चा दुखी रहता है। वो चुप-चुप रहता है और घुलता-मिलता नहीं है वो समझ नहीं पा रहे कि उनका बच्चा ऐसा क्यों करता है।

ऐसा क्यों?

अभिभावकों को अपने बच्चों से अनेक प्रकार की शिकायते होती हैं। मैंने देखा है कि माता–पिता अपने बच्चों के पालन–पोषण के तौर–तरीकों को अपने नजरिए से देखते है तथा उसमें उन्हें किसी प्रकार की कमी नजर नहीं आती है। परन्तु वे यह नहीं देख पाते हैं कि उनके बच्चे उनके पालन पोषण के ढंग के बारे में क्या सोचते हैं? अभिभावकों के देख–रेख के ढंग के बारे में बच्चों के नजरिए का भी महत्व है। अत: उन्हें बच्चों के नजरिए से देखने की भी आवश्यकता है, जैसा करने में इन अभिभावकों के बचपन में उनके माता–पिता चूक गए होंगे।

बच्चे का अपने माता–पिता के व्यवहार के बारे में क्या सोचना है, इसका भी विचार करना चाहिए जब उनके पितृत्व की ड्यूटी निभाने का मूल्यांकन करना है। अत: समस्या की जड़ में अभिभावक एवम् उनके बच्चे की सोच में अंतर है।

निम्नलिखित तथ्य अभिभावकों की सोच को दर्शाता है:—

"माता–पिता" को अपने बचपन में मिली देखभाल पर एक परिचर्चा के दौरान मैंने उनके सामने एक प्रश्न खड़ा किया: क्या आप सोचते हैं कि आपको अपने माता–पिता का प्यार नहीं मिला था?

एक का कहना था कि उसके माता–पिता उसे अवश्य प्यार करते थे, परन्तु उनके लादे गए नियम–कानून इतने कठोर थे कि मुझे उनके प्यार का एहसास कभी भी नहीं हुआ।

ऐसे ही विचार अन्य अभिभावकों के भी थे। फिर मैंने पूछा—क्या आप मानते हैं कि आपके माता–पिता सचमुच आपसे प्यार नहीं करते थे? "नहीं, नहीं! ऐसा बिल्कुल नहीं है। परन्तु उनके अभिभावक–धर्म निभाने के तरीके में कुछ कमी थी जिसे मैं शब्दों में व्यक्त नहीं कर सकता। कभी वे बिल्कुल बे–परवाह, कभी अत्यंत कठोर। ये अभिभावक गण काफी भ्रमित थे।"

इस भ्रम की स्थिति तथा माता–पिता के प्यार को महसूस करने से वंचित होने के पीछे मुख्य कारण था कि माता–पिता अपने बच्चों के प्रति प्यार को दर्शाने एवम् शब्दों में बयान करने के महत्व से अनभिज्ञ थे। अभिभावक–बच्चे के बीच संबंध के भावुक पक्ष के अधूरे ज्ञान के कारण उन्हें अपनी भावना को खुल कर दिखाने एवम् व्यक्त करने के महत्व की समझ नहीं होती है। परिणाम–स्वरूप उनके

बच्चे भ्रमित, बेचैन तथा असुरक्षित भावना के साथ वयस्क के रूप में विकसित होते हैं।

हाव–भाव, आलिंगन, बातों से आपके प्यार का प्रदर्शन आपके बच्चे की भावनात्मक जरूरत के लिए उतना ही महत्वपूर्ण है जितना शरीर के लिए भोजन–पानी। प्यार का प्रदर्शन जीवन में अमृत के समान काम करता है। यह जैविक आवश्यकताओं के ही समान है। प्यार से गले लगाने, चूमने, शाबाशी देने आदि के रूप में प्यार का प्रकटीकरण बच्चे की प्रथम भावनात्मक आवश्यकताओं में से है। यह आपके हृदय का संदेश प्रेषित करता है।

अभिभावकों को अपने प्यार का प्रदर्शन करने की कला सीखनी चाहिए।

अभिभावकगण! एक मिनट के लिए रूकें तथा याद करें कि आखिरी बार आपनें कब अपने बच्चे को आलिंगन में लिया था? कब आपने कहा था कि आप उसे बे–पनाह प्यार करते हैं?

आनुवांशिक प्रभाव

यह सच है कि अनुवांशिक कुप्रभाव से ग्रसित बच्चों में गलत आचरण की समस्या उत्पन्न होने की संभावना अधिक रहती है—अगर उनके साथ सही तरीके से व्यवहार नहीं हो। इस तरह के बच्चों के केस में समस्या उत्पन्न होने से रोकने का एकमात्र उपाय उनके अभिभावकों का जिम्मेदारी एवम् ईमानदारी से अपना कर्तव्य निभाना है। अभिभावकों को

अपने बच्चों की गलत इच्छाओं पर लगाम लगाने का फार्मूला जानना चाहिए। सर्वप्रथम इन समस्याओं का मूल कारण जानने की आवश्यकता है। अगर यह अनुवांशिक है तो पूर्वजों को दोष देने के बजाय इन नकारात्मक मानसिकता में सुधार लाने की जरूरत है जिससे आगामी पीढ़ियों में क्रमशः इस मानसिकता से छुटकारा मिल जाए।

आधुनिक अभिभावक–गण अपने बच्चों की शारीरिक एवम् भावनात्मक सलामती के बारे में सचेत रहते हैं तथा उनकी भलाई के लिए स्वयम् की गलत मानसिकता में सुधार लाने के लिए तत्पर रहते हैं। यह जग–जाहिर है कि अनुवांशिक कुप्रभाव तथा गलत देखरेख का मिला–जुला असर बच्चों की समस्या को गंभीर कर देता है।

शिप्रा एवम् साकेत नामक दंपति ने अपनी समस्या से मुझे अवगत कराया। उनका ग्यारह वर्षीय बेटा अपनी पढ़ाई से ज्यादा शेयर बाजार में दिलचस्पी रखता था। इतने कम उम्र में उसकी इस आदत से वे अचंभित एवम् दुखी थे। बाद में पता चला कि बच्चे के दादा जुएबाज थे तथा शेयर मार्किट में अपना समूचा पैसा गंवा चुके थे। साकेत दुखी थे क्योंकि उन्होंने परिवार के लिए बहुत कुछ किया था। उन्होंने स्वीकार किया कि शेयर बाजार की बातों पर उनकी अच्छीपकड़ थी परन्तु इसका नशा नहीं था। परन्तु जब उनके पिता अपनी लापरवाही के कारण सब कुछ हार गये जिसके लिए मैं कभी भी उनको माफ नहीं कर सका, मैंने तय किया कि मैं इस बाजार के बर्बादी कारक धंधे में कभी

हाथ नहीं आजमाऊंगा। मेरी एकमात्र मंशा थी कि मेरा बच्चा पढ़ लिख कर जीवन में सफलता प्राप्त करें। उन्होंने सपने में भी नहीं सोचा था कि उनका बेटा शेयर बाजार के नशे का शिकार हो जाएगा। उनके जैसे अनेक अभिभावक हैं जिनको यह आभास नहीं है कि उनके बच्चे अपनी अनुवांशिक प्रभाव के कारण छोटी उम्र से ही गलत रास्ता पकड़ लेते हैं।

मैंने साकेत को समझाया:

पहले आप अपनी चिंताओं पर काबू करिए। फिर अपने बच्चे से खेल–कूद से लेकर शेयर बाजार तक सभी विषयों पर चर्चा करें। जब वह आपसे चर्चा करने में सहज महसूस करने लगेगा, तो वह अपने आप अपनी आदतों तथा झुकाव के बारे में आपसे चर्चा करने लगेगा। आप को महसूस होगा कि अगर आप किसी विषय पर उपदेश देंगे या किसी बात के लिए मना करेंगे तो आपके बच्चे में उस विषय के बारे में अवांछनीय जिज्ञासा जागृत होगी तथा उसकी तरफ लगाव बढ़ेगा। आप अपने बच्चे से विस्तार से चर्चा करें कि किस तरह आपके पिता शेयर बाजार में सब कुछ हार गए। इससे आपके तथा आपके बच्चे के बीच विश्वास का माहौल पैदा होगा।

आपकी मानसिकता

ऐसे अभिभावक, जिनका पालन पोषण खराब पारिवारिक माहौल में हुआ था, अपने व्यवहार में क्षणिक आवेश या

डिप्रेशन के शिकार हो जाते हैं—खासकर जब वे अपने बच्चों की समस्याओं से रू–ब–रू होते हैं। इस प्रकार के अभिभावक बदलते सामाजिक परिवेश के अनुसार अपने को ढालने में सक्षम मुश्किल से हो पाते हैं। उनके स्वयम् के बचपन का अनुभव तथा परिस्थिति के अनुसार बदलने में असमर्थता उन्हें अपने बच्चों से घुलने–मिलने में बाधक होता है। उनके अभिभावक के रूप में किए गए व्यवहार का जाने–अनजाने में उनके बच्चों पर गहरा प्रभाव होता है। ऐसा तब स्पष्ट नजर आता है जब पास–पड़ोस के लोग पीठ–पीछे कहने लगते हैं कि "जैसा बाप वैसा बेटा"। उनको सलाह है कि वे अपने माता–पिता के अभिभावक–कर्तव्य में कमियों को जानें तथा आज के परिवेश में नये–नये उपलब्ध तरीके अपना कर अपने में उन कमियों को दूर करें जिससे आपका अपने बच्चों से भावनात्मक लगाव नहीं टूटे। दुर्भाग्यवश अधिकांश अभिभावकगण अपनी कमियों को नहीं स्वीकारते हैं। अभिभावकों को यह जानना चाहिए कि अभिभावक–धर्म निभाने का गुण जन्मजात नहीं होता है, वरण् स्वयम् या अन्य लोगों के अनुभव से सीखना पड़ता है। एक नशेड़ी पिता या अपराध कर्म में लिप्त परिवार के बच्चे परिवारिक मूल्यों को नहीं सीख पाते हैं। उनके लिए समझना मुश्किल है कि परिवार के अन्य लोगों से कैसे व्यवहार करना चाहिए। उनमें एक दूसरे का ध्यान रखने या मिल कर रहने की भावना की कमी होती है। अक्सर वे परिवार के सदस्यों से भावनात्मक अलगाव महसूस करते हैं। वे मामूली बातों पर भी अनावश्यक तीव्र प्रतिक्रिया का

प्रदर्शन करते हैं। परिवार के इस माहौल में अगर बच्चे की माँ समझदार हो, तो वह बीच में ढाल बन कर खड़ी हो सकती है तथा बच्चे की देखभाल सही तरीके से कर सकती है। परन्तु ऐसा करने से माता और पिता के बीच में आपसी टकराव की संभावना से बचना पड़ेगा।

अपने बचपन के कड़वे अनुभवों से उत्पन्न भय को मन से निकालने के लिए आप निम्नलिखित तरीका अपना सकते हैं:—

बचपन की कड़वी यादों को पीछे छोड़कर सुखद यादों को सहारा बनाएँ। ऐसा करने से आप बचपन को कुप्रभावित करने वाली यादगार से बच सकते हैं। इससे आपको अपने बच्चे की समस्याओं को सुलझाने में मदद मिलेगी। वे अभिभावक जो अपने बचपन की कड़वी यादों से बाहर नहीं निकल पाते हैं, अपने व्यवहार में आक्रामक, अपनी बात पर अड़ने वाले हो जाते हैं। वे अपने विगत अव्यवस्थित पारिवारिक माहौल का रोना रोते रहते हैं, तथा वर्तमान में अपने बच्चों की आवश्यकताओं को नजर अंदाज कर देते हैं। हरेक व्यक्ति के विगत जीवन की अच्छी एवम् बुरी यादें दोनों उसके साथ होती हैं। समस्या तब उत्पन्न होती है जब आप अपने बचपन की कड़वी यादों को ही ऊपर रखते है तथा उसी में छटपटाते रहते हैं। यही मानसिकता आपकी नकारात्मक जीवनशैली में परिलक्षित होती है। अगर कोई व्यक्ति अपनी विगत जीवन की अवांछनीय कष्टदायक कड़वी यादों में से कुछ अच्छी यादों को चुन कर निकाल

लेता है तो यह उनके आत्म–विश्वास को बल देता है तथा सकारात्मक दिशा में आगे बढ़ने के लिए प्रेरित करता है।

अभिभावक–गण! अगर आप अपने बचपन की दुखदायी यादों में उलझे रहेंगे तो आप अपने बच्चों के जीवन की समस्याओं को नहीं सुलझा पायेंगे।

अब मैं अभिभावकों के बचपन में झेले गये कष्टों की शिकायतों की सूची संक्षेप में लिखती हूँ:—

- माता एवम् पिता के बीच मतभेद एवम् आपसी लगाव की कमी
- संयुक्त बड़ा परिवार जिसके कारण बच्चों की सही देखरेख में कमी
- माता–पिता की परिवार–घर से बाहर की दुनिया में लीन रहने की प्रवृत्ति
- पिता का शराबी होना या आपराधिक कर्मों में लिप्तता
- परिवार में आर्थिक अभाव
- माता–पिता का क्रोधी स्वभाव–क्रोध में चीखना–चिल्लाना, मारना–पीटना
- पिता द्वारा भाइयों–बहनों में एक को ज्यादा चाहना जिसके कारण उनमें दुश्मनी का भाव उत्पन्न होना

आश्चर्य तब होता है जब आजकल के अभिभावक अपनी आधुनिक मानसिकता तथा विकसित व्यवहार की तुलना

अपने माता–पिता से करते है। परन्तु समस्या के कारणों की जड़ में किसी प्रकार का बदलाव नजर नहीं आता है। समय के बदलाव के साथ उनके शिकायत करने का अंदाज ज्यादा विनम्र हो जाता है।

निम्नलिखित शिकायतें अभिभावकों का अपने बच्चे के साथ समस्या होने की अभिव्यक्ति के समान हैं:—

- जब मैं बच्चे का स्कूल से मिले रिपोर्ट–कार्ड देखता हूँ तो लाचार एवम् बेचैन हो जाता हूँ।
- मेरे बच्चे को उसके मित्रगण बर्बाद कर रहे हैं। उसका हठी मिजाज एवम् अनुशासनहीनता देख कर मुझे अत्यंत निराशा होती है। मुझे अंदेशा हो रहा है कि वह सिगरेट तथा शराब पीने का आदी हो गया है।
- मेरी बच्ची आधुनिकता के चक्कर में अंधी हो गई है। उसके अनेक लड़के दोस्त हैं। इस बात से मुझे घृणा है। मैं हमेशा इस बात को लेकर भय तथा चिंता से ग्रसित रहता हूँ। जब भी कभी उससे कुछ कहता हूँ तो वह मुझ पर चिल्लाने लगती है अथवा कमरे से बाहर चली जाती है।
- मैं अपने बच्चे के तेज गति से कार चलाने की आदत से भयभीत हो जाती हूँ। वह अक्सर बिना बताये घर से कहीं चला जाता है तथा भोजन भी कहीं बाहर ही कर लेता है।

- मेरी बेटी मेरे लिए अनेक समस्याएँ खड़ी कर देती है। वह हमलोगों के साथ घर में रहना नहीं चाहती है। वह पेईंग–गेस्ट के रूप में रहने की जगह खोज रही है।
- मेरा बेटा अलग–अलग रहा करता है। वह खुद के बारे में किसी बात को दूसरे से नहीं बांटता है। उसका कोई मित्र भी नहीं है। वह अकेले टेलीविजन देखता रहता है अथवा पढ़ते रहता है। मैं इस कारण बहुत चिंतित रहती हूँ।
- मेरे बच्चे की जरूरतें हमेशा बढ़ती रहती है। उसका महंगा होना मुझे परेशान कर देता है।

मेरे निष्कर्ष के अनुसार ज्यादातर अभिभावक–गणों को अपने बच्चों से शिकायत रहती है। वे या तो परिवार से सख्त नियम का पालन करवाना चाहते हैं, अथवा सभी बातों से तटस्थ हो जाते हैं। अधिकांश अपने बचपन के अनुभवों पर से परदा उठाते हैं जिसमें उनके माता–पिता की दबंगई, कठोर नियम या सभी पारिवारिक बातों से तटस्थता, आदि शामिल होता है। जब माता–पिता नकारात्मक भाव प्रदर्शित करते हैं तो उनके बच्चों के लिए खुशनुमा पारिवारिक माहौल का सत्यानाश हो जाता है।

अगर अभिभावक को लगता है कि वे अनुवांशिक कारण से बुरी आदतों के शिकार हैं तो उन्हें खुद में सुधार शीघ्रातिशीघ्र लाने का प्रयास करना चाहिए। आजकल के

समाज में बड़ी–बड़ी जरूरतें अभिभावकों के लिए समस्या खड़ी कर देती हैं, जिसे वे पूरा करने में मुश्किल का सामना करते हैं। बच्चे भी दुविधा में पड़ जाते है कि वे क्या करें या न करें।

अभिभावक भी भूल जाते हैं कि वे खुद क्या करते हैं, जैसे अपने सहकर्मी से प्रतियोगिता करने तथा किसी भी तरह उन्हें पछाड़ना। अगर प्रयास में असफल होते दिखते हैं तो संभावित परिणाम से भयभीत हो जाते हैं। फलस्वरूप अपने खुद के असंतोष के शिकार हो जाते हैं। इस निराशा का उनके बच्चों पर गहरा प्रभाव होता है क्योंकि वे खीझ एवम् आक्रामक व्यवहार करने लगते हैं। अत: अभिभावकों का पहला कर्तव्य होता है कि वे अपनी समस्याओं को दरकिनार करके अच्छाई, आधुनिक दृष्टिकोण जैसे गुणों को अपनायें।

तुलना करना बुरी आदत

अभिभावकों को स्वयम् की हीनभावना, असुरक्षा–भाव, एवम् गहरी चिंता उनके अपने बच्चों की देखरेख में हानिकारक प्रभाव पैदा करते हैं। इसके कारण वे अपने बच्चों को वह सब कुछ देना चाहते है जिससे उनका बचपन वंचित रहा है। इसके कुप्रभाव की संभावना को वे दरकिनार कर देते हैं तथा अपनी अतृप्त इच्छाओं को पूरा करने की चाहत में बच्चे को बिगाड़ देते हैं। उन्हें हद पार न करने के लिए सावधान रहना चाहिए।

अलग किस्म के अभिभावक–गण उपर्युक्त रिवाज से उलट काम करते हैं। उनका मानना है कि जिस प्रकार वे अपने बचपन में पाले–पोसे गए थे,उसी प्रकार उनका भी अपने बच्चों का पालन पोषण करना श्रेयस्कर है। वे बच्चों की भावनाओं के प्रति असंवेदनशील होते हैं तथा खुद के बनाए नियमों को आंखें बन्द करके पालन करने के लिए बाध्य करते हैं। उनकी हठधर्मिता बच्चों के गले नहीं उतरती है तथा वे उन आदेशों के पालन के विरुद्ध विद्रोह कर देते हैं। बच्चे अपनी इच्छाओं को लगातार नहीं माने जाने से जिद्दी हो जाते हैं, तथा अपने अभिभावक से दूरी बना लेते हैं।

लोगों से चर्चा में मैंने पाया है कि बहुत से माता–पिता पुश्त–दर–पुश्त चले आ रहे पारिवारिक नियमों के पालन के लिए बच्चों को बाध्य करते हैं। यद्यपि पारिवारिक परंपरा का पालन बुरा नहीं है, प्रत्येक नियम का बिना आवश्यक फेर–बदल के तथा बिना आपसी सहमति के पालन करने पर मजबूर करना ज्यादती है। माता–पिता का इस प्रकार का व्यवहार उनके सीखे हुए नियम–पालन के अनुरूप होता है। वे बचपन में जो कुछ सीख पाते हैं, वह उन्हें सामान्य व्यवहार प्रतीत होता है।

अच्छे विकल्प की तलाश करें

लगभग दो दशक पहले हमारा समाज बिल्कुल भिन्न था। अब उसमें काफी बदलाव आ गया है। अपने बच्चे को नए,

बदले हुए रास्ते पर चलने से कैसे रोक पाएंगे? बल्कि आप को खुद में कुछ आधुनिकता के अनुरूप बदलाव करने की जरूरत है। आपको इस धारणा को गलत सिद्ध करना होगा कि किसी व्यक्ति के व्यक्तित्व एवम् मानसिकता को नहीं बदला जा सकता है। आपमें अपने मानसिकता को बदल कर नये सैद्धांतिक विचार की शुरूआत करने की क्षमता होनी चाहिए। अभिभावकों के लिए अपने बचपन में होने वाले कमियों की क्षतिपूर्ति, अपने परिवार तथा बच्चों की देखरेख करना अथवा पुराने पारिवारिक परंपरा के अनुसार देखरेख करते रहना—दोनों उनके पसंद पर निर्भर करता है। अपने चारों तरफ हो रहे तेजी से बदलाव के अनुरूप अपने में बदलाव नहीं लाने का कोई तार्किक कारण नहीं है। वह बच्चा, जो माता–पिता के कठोर नियमों का पालन करता है, वह हठी व्यक्ति बनता है तथा अन्य समस्याओं का शिकार हो जाता है।

अत: अभिभावकों को यह सलाह है कि वे अपनी समस्याओं पर एक अन्तराल के बाद समीक्षा करते रहें जिसके कारण आपको अपने व्यवहार में उदार होने में बाधा होती है। इससे आपके नए तथा अच्छे विचारों का स्वागत करने का विकल्प खुलेगा। आप पाएंगे कि इन सब का अच्छा प्रभाव आपके बच्चे पर पड़ेगा।

अगले अध्याय में अभिभावक–गण कुछ उदाहरण देखेंगे कि किस प्रकार उनका व्यवहार उनके बच्चों में भी अवतरित होता है। अनेक उदाहरण हैं कि किस प्रकार एक

अशांत पारिवारिक माहौल से निकला व्यक्ति भी अपने बच्चों का पालन–पोषण सही ढंग से कर लेता है।

रागिनी दो वयस्क होते हुए बच्चों की माँ है। उसने कहा, "मैं बचपन से ही माता–पिता को झगड़ा करते हुए देखती थी। मेरे पिता मेरी माँ को प्रताड़ित किया करते थे। मेरी माँ अक्सर डिप्रेशन में चली जाती थी। वह मुश्किल से मेरा तथा मेरे भाई का ध्यान रख पाती थी। हमें खुद अपना ख्याल रखना पड़ता था। हम लोग बचपन की अनेक इच्छाओं को पूरा नहीं कर पाते थे। अब मैं अपने पति तथा बच्चों के साथ सुखी हूँ। हम अपने मित्र मण्डली में ज्यादा समय नहीं देकर अपने बच्चों के साथ अधिकतम समय साथ–साथ व्यतीत करते हैं। मेरे खुद के कष्टदायक बचपन की यादों का कुप्रभाव मेरे जीवन पर अब नहीं है। उल्टे उन कटु अनुभवों से मुझें सीखने को मिलता है कि पारिवारिक आनन्द के लिए हमें क्या करना चाहिए।

अंततोगत्वा एक अभिभावक, जो अपने बच्चे को गलत आचरण के लिए दोष देता है, को अपने विगत जीवन में झांकने की जरूरत है तथा सही दिशा निर्देश की तलाश करनी चाहिए।

व्यक्ति की व्यक्तिगत सोच तथा उसका वैवाहिक जीवन दोनों मिलकर इशारा करते हैं कि आप अपने बच्चे को किस प्रकार के जीवन में ढालेंगे। बच्चे का व्यवहार माता-पिता की छाया का प्रतिबिंब होता है। शादी में अनुशासन की बहुत आवश्यकता होती है।

■■■

2

वैवाहिक जीवन में द्वंद : बच्चे का दु:स्वप्न

वैवाहिक जीवन एक कठिन जिम्मेदारी होती है। विवाह से बंधे जीवन–साथी के लिए वैवाहिक जीवन में द्वंद्व से उत्पन्न तनाव को झेलना मुश्किल होता है, जिसके कारण उसमें अनेक दुर्गुणों का विकास हो जाता है जो परिवार के सभी लोगों के लिए दूरगामी परिणाम का कारण बनता है।

मैं अपने मित्र, काका, के घर खेलने गया था। वहाँ उसके माता–पिता के बीच वाक्युद्ध का साक्षी बना जो कुछ इस प्रकार था:—

काका के पिता अपने भोजन की थाली फेंक कर गरजे—तुम्हें खाना पकाने के लिए कौन कह रहा है? क्यों इस तरह के भोजन बनाने पर पैसे बर्बाद करती हो? कुछ देर बाद उनकी आवाज आई—यह घर मेरा है, मैं जहाँ चाहूँ वहाँ अपना सामान रख सकता हूँ। उसके माँ की आवाज आई—अपना सामान अलमीरा में नहीं रख सकते? इसके प्रतिक्रिया में पिता ने अलमीरा से सारा सामान निकाल कर फर्श पर फेंक दिया तथा गाली बकने लगे। उसकी माँ चिल्लाई—अपनी जबान पर लगाम लगाओ। परिणाम स्वरूप काका के मित्रों ने उसके घर जाना बंद कर दिया। काका को अपने घर

मित्रों को बुला कर उनका मनोरंजन करने की इच्छा अपने मन में ही दबा देनी पड़ी।

आज समय बदल गया है। पति और पत्नी के आपसी सम्बन्धों में बदलाव आ गया है। उनके बीच अलगाव आने के बावजूद झगड़े–झंझट का अंदाज बदल गया है। आपस में बहुत कम बात–चीत होती है, एक दूसरे पर भरोसा नहीं के बराबर दिखता है। ज्यादातर केस में पति–पत्नी दोनों कामकाजी होते हैं, दोनों की मित्र–मण्डली अपनी–अपनी होती है। दोनों की खुशी एवम् आनन्द प्राप्ति की बातों में आपसी तालमेल नहीं रह जाता है। अंतत: आपसी संबंध टूट जाता है तथा वैवाहिक जीवन का जड़ से विनाश हो जाता है। यह स्थिति और अधिक उलझ जाती है जब उनके बच्चे होते हैं। बच्चे के दिमाग एवम् मानसिकता पर गहरा कुप्रभाव पड़ता है। बच्चे अपने माता–पिता के प्रति वैमनस्य की भावना से ग्रसित हो जाते हैं।

अभिभावकों के लिए संदेश

परिवार में बच्चे का जन्म एक दंपत्ति के लिए सबसे सुखद अनुभव होता है। जन्मदाता के रूप में दंपत्ति का यह बेशकीमती तोहफा समाज को मिलता है। परन्तु दंपत्ति का समाज के लिए यह योगदान तभी अर्थपूर्ण होगा जब वे बच्चे की अच्छे ढंग से परवरिश करके योग्य नागरिक बना दें। परन्तु अगर आप अपनी पारिवारिक समस्याओं के कारण बच्चे के सही पालन–पोषण में असफल रह गए तो आपकी अंतरात्मा हमेशा इस असफलता के लिए आपको कोसती

रहेगी—भले ही आप कितना भी धन तथा यश कमाने में सफल हो गए हों। अंततः आपका बच्चा ही भुक्तभोगी होगा। आप अपनी आंतरिक पीड़ा के कारण अपने बच्चे पर क्रोध प्रदर्शन करेंगे तथा फलस्वरूप आप बच्चे के प्रति भावनात्मक लगाव खोने लगेंगे। आपका बच्चा आपके कठोर व्यवहार के विरूद्ध बोल नहीं सकने के कारण स्वयम् को असहाय महसूस करने लगता है। माता पिता के बीच कटुतापूर्ण वाद–विवाद बच्चे में आक्रामकता तथा खतरनाक विचारों का संचार करता है, जिससे वह बर्बादी के रास्ते पर चल पड़ता है।

क्या माता–पिता अपने बच्चे की इस स्थिति से खुश होंगे?

शादी करना कोई कठिन कार्य नहीं है। ऐसा आप स्वेच्छा से करते हैं। आपको अपने वैवाहिक जीवन में अपने बच्चे तथा अपनी पत्नी की छोटी–छोटी समस्याओं को दूर करने की क्षमता पैदा करनी चाहिए। पारिवारिक आधारभूत सिद्धांत पर टिके रहना चाहिए। आखिर आप शादी में कसम लेते हैं कि आप अपने परिवार के प्रति जिम्मेदारी निभाएंगे। इस कसम को हल्के में नहीं लेना चाहिए। अपनी जिम्मेदारी निभाने से पीछे हटना ईश्वर के आदेश की भर्त्सना करने के समान है। अपनी पत्नी की कटु आलोचना करने के कारण आपके बच्चों के सही विकास में बाधा उत्पन्न होती है। अपनी नकारात्मक मानसिकता पर शीघ्रातिशीघ्र लगाम लगाएँ।

कोई भी समस्या एकाएक खड़ी नहीं होती है। ऐसा मामूली असहमति का धीरे–धीरे गंभीर रूप लेने से होता है। शुरूआत में छोटे–छोटे झगड़े का सही ढंग से निपटारा करने से अपने परिवार को गंभीर समस्याओं से बचाया जा सकता है। हालाँकि अनेक दंपत्ति शादी के बंधन में भरोसा खो देते हैं क्योंकि उनमें न तो हिम्मत होती है न धैर्य कि वे वैवाहिक जीवन की शर्तों का सामना कर सकें। अत: शादी का बंधन टूट जाता है। अफसोसजनक बात यह है कि अधिकांश दंपत्ति राई का पहाड़ बनाने पर उतारू रहते हैं। वे आपस में झगड़ने में उतने मशगूल हो जाते हैं कि उन्हें ध्यान भी नहीं रहता है कि उनके बच्चे पर इसका कितना बुरा असर पड़ता है। दंपत्ति का आपसी संबंध का ख्याल न रखना घर के माहौल का बिगड़ने का सामान्य कारण होता है।

शादी दो व्यक्तियों का मिला जुला अभियान है। इसमें स्वार्थी होना संभव नहीं है। वैवाहिक जीवन की सफलता दंपत्ति के बीच संतुलन बनाए रखने पर निर्भर करता है। जब बच्चे पैदा करते हैं तो उसकी खुशी एवम् सलामती सबसे ऊपर हो जाती है। सबसे महत्वपूर्ण बात याद रखने की जरूरत है कि आज जितना बलिदान करेंगे उतना ही भविष्य में पाएंगे। जैसे बड़ी जीत के लिए शुरू में छोटी–छोटी लड़ाइयां हारनी भी पड़ती हैं।

मर्द तथा औरत पर आधारित भेदभाव नहीं करें

मर्द या औरत जाति पर आधारित एक तरफा झुकाव समाज में देखने में आता है। परन्तु इस कारण परिवार में समरसता

नहीं बिगड़नी चाहिए। मर्दों तथा औरतों की सोच में स्वाभाविक अन्तर होता है जिसे पति तथा पत्नी को समझना चाहिए। उन्हें अपने अलग–अलग स्वभावों को एक साथ बुन कर आपसी तालमेल का ताना–बाना तैयार करना चाहिए जिससे पारिवारिक माहौल संतुलित रहे। जब यह संतुलन एक तरफ झुक जाता है तब आपसी टकराव पैदा होता है तथा बच्चे पर विपरीत प्रभाव पड़ता है। दंपत्ति के बीच मामूली झगड़े होना गंभीर चिंता का विषय नहीं होता है। इससे दोनों को एक दूसरे की सोच की जानकारी हो जाती है जिसका ध्यान रखने से आपसी समझ बढ़ती है तथा संबंध मजबूत होता है। आखिर दो अलग–अलग लिंग के व्यक्ति, जिनकी अलग-अलग माहौल में परवरिश हुई हो, शादी के सूत्र में एक साथ आते हैं। उन्हें वैचारिक भिन्नता के बावजूद साथ-साथ मिलकर रहना होता है। मगर मतभेदों के कारण विवाद व्यक्तिगत रूप ले ले तथा बदला लेने और बेइज्जती करने का हथियार बन जाए तो बात खतरनाक रूप ले लेती है।

पति के लिए संदेश

भारतीय समाज में शादी करके एक औरत जब पति के घर में आती है, तो अपने परिवार के माहौल से भिन्न माहौल पाती है। नये माहौल में असहज महसूस करने से उसको रीति–रिवाज का झटका लगता है। उस समय पति के रोल का निर्णायक महत्व होता है। अपनी पत्नी के मानसिक द्वंद को सुलझाने के लिए धैर्य रख कर पति को प्रयास करना

होता है जिससे कि पत्नी नए, अनजान माहौल में अपने को फिट कर सके। परन्तु, यदि पति आशा करे कि उसके घर के नए माहौल में शादी करके आते ही उसकी पत्नी बदले रीति रिवाज में एकाएक सहज हो जाए, तो पति–पत्नी के संबंध में दरार आ सकती है जो परिवार के माहौल में उथल–पुथल मचा सकता है।

साधारणतया सच यह होता है कि पति के मन में बनी–बनायी धारणा रहती है कि पत्नी मानसिक रूप से पति के मुकाबले अयोग्य तथा कम बुद्धिमान होती है अत: पत्नी के सुझावों को अक्सर दरकिनार कर दिया जाता है। इस पूर्वाग्रह के कारण आपसी विवाद गंभीर पारिवारिक झगड़े का रूप ले लेता है। बच्चे इसके कारण बड़ों की अनुभूति-हीनता के शिकार हो जाते हैं।

भारतीय समाज के संदर्भ में परिवार को एक ऐसा मुखिया चाहिए जो लचीली मानसिकता वाला हो। ऐसा रोल रिवाज के अनुसार परिवार में पिता का होता है। मर्द मुखिया को परिवार की औरतों से भिन्न–भिन्न प्रकार की समस्याओं से दो–चार होना पड़ता है जिससे उनका मानसिक संतुलन प्रभावित होता है जिसके कारण पारिवारिक जीवन में टकराव की स्थिति बन जाती है। इसका कुप्रभाव बच्चे पर उसके जीवन–पर्यन्त दिखाई देता है।

स्वाभिमान के अनावश्यक भाव से ग्रसित पति अपनी जिद पर अड़ जाता है। अपनी विचारों में थोड़ा–बहुत अडियलपन स्वाभाविक है, परन्तु इसकी ज्यादती व्यक्ति को तानाशाह बना देता है। फिर तो अपनी मर्जी तथा किसी विषय पर दृष्टिकोण का विरोध वह सहन नहीं कर सकता। अधिकांश मर्दों के लिए पत्नी के प्रति लचीला रवैया रखना या उससे दब कर रहना अपनमानजनक तथा नामर्दगी की निशानी समझी जाती है। ऐसा तीव्र स्वाभिमान का भाव अंतत: परिवार के माहौल को नष्ट कर देता है।

पिता–प्रधान सामाजिक तंत्र में पुरूष निर्विवाद रूप से सर्वोपरि होता है। औरतों को नीचले पायदान पर रखा जाता है। पिता आदतन अपनी पत्नी, बच्चे, या परिवार के अन्य सदस्यों पर अपने मन में घुमड़ रही निराशा तथा हताशा का गुब्बार निकालने के लिए स्वतंत्र होता है। अपनी कठोर आदेशात्मक आवाज से परिवार के सदस्यों में अपना भय स्थापित करता है। ऐसे परिवार में अपने पति की अकथनीय ज्यादती से भरे स्वभाव के विरूद्ध पत्नी भी बच्चों के भय एवम् मानसिक दबाव में सशंकित स्थिति से सहमत होती दिखाई देने लगती है। इस तरह पिता के दबंग व्यवहार के कारण परिवार में ही एक सशक्त विरोधी गुट तैयार हो जाता है जो पिता के वर्चस्व को मिटाने के लिए तत्पर होता है। इस अवांछनीय स्थिति से घबरा कर पिता और ज्यादा हताश हो जाता है तथा पति–पत्नी के बीच तनाव बढ़ता जाता है।

पत्नी के लिए संदेश

सदियों से औरतों को समाज में दबा कर रखे जाने के कारण, आज भी औरतों के दिमाग में यह धारणा भरने की कोशिश होती रही है कि वे पुरूषों के मुकाबले शारीरिक एवम् मानसिक/बुद्धिमता की क्षमता में कम हैं। फिर भी समय तेजी से बदल रहा है तथा पुराने जमाने की कुरीतियों को समाज छोड़ रहा है। आधुनिक युग में अधिकांश औरतों की मानसिकता बदल रही है तथा वे अपने को सशक्त तथा स्वतंत्र समझने लगी हैं। औरतें मर्दों की तुलना में कम उम्र में मानसिक रूप से परिपक्व हो जाती है, तथा शादी के बाद तो और अधिक सम्मान के योग्य हो जाती हैं। औरतों को हक है कि वे अपने बराबरी के अधिकार के लिए तन कर खड़ी हो जाएं। खास कर आपके बच्चे आपको स्वतंत्र विचारों वाले व्यक्तित्व के रूप में देखना पसंद करेंगे। इससे बच्चों का परिवार की संस्था में भरोसा मजबूत होगा। परन्तु याद रखें कि हरेक अति का अंत बुरा होता है, अत: अपनी स्वतंत्रता का, नारी–शक्ति का दुरूपयोग करने से सावधान रहें। अपनी इस ताकत का सदुपयोग कर के पत्नी बिना पति के हस्तक्षेप के अपने बच्चों की समस्याओं को सुलझा सकती है। फिर भी श्रेयस्कर होगा जब पति तथा पत्नी मिलकर परिवार तथा बच्चों का ख्याल रखें। आपसी सहमति का कोई विकल्प नहीं होता है।

औरतों के स्वभाव में सामान्यत: एक कमजोरी यह होती है कि वे अपने पति को किसी न किसी बात को लेकर

कोसती रहती हैं जिससे पति आहत महसूस करता है। अधिकतर केस में पत्नी की शिकायत होती है कि उसके पति तटस्थता का भाव रखते हैं। एक बार अगर पति के बच्चे जैसा जिद करने के स्वभाव को स्वीकार कर लें, तो आप एक खुशहाल, सफल अर्द्धांगिनी हो सकती हैं। दुर्भाग्यवश एक पत्नी अपने पति की जिद्दी हरकतों को बर्दाश्त नहीं कर पाती है, जिसके परिणाम-स्वरूप दंपत्ति एक दूसरे को अपमानित करना तथा अनदेखा करना शुरू कर देते हैं।

आधुनिक दंपत्ति

आधुनिक विवाह मूलत: सतही आकर्षण पर आधारित होता है। इसमें एक दूसरे के बीच तालमेल तथा एक दूसरे का पूरक होने के गुण के बारे में पहले विचार करना आवश्यक प्रतीत नहीं होता है। शुरू से ही इस प्रकार के वैवाहिक संबंध में आवश्यक मजबूत आधार, आपसी सम्मान तथा भरोसे की कमी होती है।

अधिकांश आधुनिक दंपत्ति अपरिपक्व तथा विवाह के सही अर्थ से अनभिज्ञ होते हैं। उनका वैवाहिक जीवन शुरू में काल्पनिक स्वप्नों पर आधारित होता है। जब कड़वी सच्चाई से सामना होता है तब शादी को सफल बनाने के लिए आवश्यक योगदान देने से कतराते हुए नजर आते हैं।

दंपत्ति के लिए अलग–अलग प्रकार के कर्तव्य, जिसे दोनों को निभाना पड़ता है, समय के साथ बदलते रहते हैं। वैवाहिक जीवन में एक दूसरे का प्रतिबिंब बनना एक

चुनौती होता है। अपने अंदर हठधर्मिता एवम् अभिमान से छुटकारा पाकर एक हो जाने को गले लगाना विवाह को सही अर्थ में संपूर्णता प्रदान करता है। अधिकांश लोगों के लिए वैवाहिक जीवन इतने भयानक अनुभव का कारण बनता है जितना कभी सोचा भी नहीं था, तथा इसके क्रमशः बढ़ते दबाव को सहन नहीं कर पाने के कारण वैवाहिक संबंध टूट जाते हैं। यही कारण है कि शादी के तुरंत बाद में तलाक होने की घटना में हम अक्सर आए दिन देखते हैं। शादी के तुरंत बाद बच्चे होने से स्थिति और दयनीय हो जाती है।

आज के जमाने में पत्नी भी पति के बराबर या उससे अधिक भी कमाती है। इस कारण पति में छोटा होने का भाव घर कर जाता है अथवा अधिक या बराबर कमाने का अभिमान पत्नी में हो जाता है। दोनों ही बातें वैवाहिक बन्धन के लिए हानिकारक अवस्था होती है। अगर कमाई में पत्नी की क्षमता का पलड़ा भारी होने की स्थिति को समझदारी से नहीं हैण्डिल किया गया तो दंपत्ति के व्यक्तिगत जीवन में भावनात्मक समस्या का निर्माण होता है। इस आर्थिक असमानता को समस्या का रूप धारण करने से बचने के लिए पति–पत्नी दोनों को अपनी–अपनी कमाई को एक में मिलाकर परिवार के लिए सदुपयोग करना चाहिए। ऐसा करने से परिवार में समरसता का माहौल बनेगा तथा बच्चों के भविष्य को सुनिश्चित करने में मदद करेगा। पत्नी की अधिक आय, अधिक सफल कैरियर के कारण पति में होने वाली जलन का भाव, हीन–भावना,

असुरक्षा का भाव एवम् प्रतिद्वंदिता उनके पारिवारिक जीवन में आड़े नहीं आने चाहिए।

अगर दाम्पत्य जीवन का अभी ठोस धरातल पर पक्का आधार स्थापित नहीं हुआ है, जिसमें कुछ समय लगता है, तो इसके पहले ही बच्चे को जन्म देना उनके जीवन में उथल–पुथल मचा सकता है।

साधारण दंपत्ति के लिए अपना बच्चा होना एक सुखद एहसास होता है। नैसर्गिक आनन्द का अनुभव होता है। साथ–साथ जिम्मेदारी का बोझ भी मिलता है तथा दंपत्ति का एक दूसरे के प्रति स्नेह का स्थान उनका बच्चा ले लेता है। ठीक यहीं से दंपत्ति के बीच समस्या की शुरूआत होती है। वे एक दूसरे को अनदेखा करने के लिए दोष लगाने लगते हैं। उनके बीच प्यार में ओत-प्रोत भाषा का स्थान कड़वी जबान लेने लगती है। वे अकारण एक-दूसरे पर दोष मढ़ने लगते है, यहां तक कि बच्चों के दोष भी। यह प्यार का दूसरा पहलू है जो बच्चे के जन्म के बाद नफरत में बदल जाता है। यदि माँ-बाप यह समझ ले कि उनके बच्चे में उन्हीं का रक्त प्रवाहित हो रहा है, तो वो बच्चे को लेकर इस प्रकार नहीं झगड़ेंगे।

विभिन्नता में एकता—अलग–अलग विचारों का समन्वय

वैवाहिक जीवन में आपसी समझदारी तथा समझौते का गुण अन्तर- निहित होता है। एक दूसरे के लिए बलिदान करना

कठिन कार्य है क्योंकि प्रत्येक को अपनी अलग पहचान तथा अपने नजरिये को अक्षुण्ण बनाए रखना कठिन प्रयास लगता है। दोनों में से प्रत्येक की इच्छा होती है कि दूसरा उसके अनुसार चले। ऐसी स्थिति के ज्यादा दिनों तक चलते रहने से मतभेद विस्फोटक रूप ले लेता है तथा एक दिन असंतोष, आपसी फूट बाँध तोड़कर बाढ़ के समान विभीषिका मचा देता है। इस माहौल के कारण बच्चे विस्थापित शरणार्थी के समान महसूस करते हैं। कुछ दंपत्ति बच्चों को प्रताड़ित होने से बचाने के लिए आपसी व्यवहार में तालमेल का नकली मुल्लमा चढ़ा कर एक साथ जिंदगी जीने की राह निकाल लेते हैं।

अत: एक सफल वैवाहिक जीवन के लिए दंपत्ति को एक दूसरे की भावनाओं का सम्मान करना चाहिए। प्रत्येक गतिविधि में बराबर की हिस्सेदारी होनी चाहिए। एक दूसरे के लिए गए निर्णय के साथ खड़ा होना चाहिए। एक दूसरे को बोझ नहीं समझना चाहिए।

अगर व्यक्ति की स्पर्धा पर लगाम न लगायी जाए तो दाम्पत्य में अलगाव पैदा होता है। सामान्यत: व्यक्तित्व की टकराहट के कारण इस प्रकार के होते हैं:—

- पति अन्तरमुखी स्वभाव का हो, जब कि पत्नी मुखर हो जो लोगों से मेल–जोल का शौक पालती हो।
- आप स्वप्नदर्शी हों तथा आपकी पत्नी जमीनी हकीकत पर भरोसा करती हो।

- आप परंपरावादी हों तथा पत्नी आधुनिक विचारों वाली हो।
- आप अपनी बात मनवाना चाहते हैं जब कि पत्नी सबकी इच्छाओं का ख्याल करने वाली हो।

इस तरह की विपरीत मानसिकता का विवाह पर प्रतिकूल असर होता है यदि दोनों अपने–अपने जिद पर अड़े रहें। ऐसी मानसिकता आपसी संबंधों में कोहराम मचा देती है। असुरक्षा व असहमतियों का असर आपके बच्चे के मानसिक विकास पर भी पड़ता है। ऐसी परिस्थितियों में समझौता एवं लचीलापन काम आते हैं। व्यक्तित्व के लचीलेपन से पारिवारिक जीवन सौहार्द्रपूर्ण बनता है जबकि जड़ता से यह विनाश की ओर बढ़ता है। फिर भी थोड़ी सी समझदारी एवम् धैर्य परिस्थिति में बदलाव ला सकता है। इसके लिए कुछ उपयुक्त समाधान का तरीका यूँ है:—

धारणा: आज के जमाने में एक दूसरे के सम्बन्धों में समझौता, विश्वास आदि शब्दों का इतना हल्के में प्रयोग करते हैं कि उसमें भावनाओं का लेस मात्र भी पुट नहीं होता है। पति तथा पत्नी के बीच व्यक्तित्व एवम् विचारों में अन्तर के बावजूद सकारात्मक सोच होना जरूरी है। अगर आप अपने जीवनसंगी की मजबूती एवम् कमजोरी दोनों से बखूबी अवगत नहीं हैं तो आप सच में उसे समझने में कभी भी सक्षम नहीं होंगे। दूसरी ओर, उन्हें और उनके प्रभाव को समझने से उलझन सुलझेगी तथा आहत भावनाओं पर मरहम लगेगा। बेहतर धारणा व समझ से आप दोनों में

बेहतर संवाद स्थापित हो सकेगा और अंतत: संतुष्टि व खुशी की भावना आएगी।

संवाद: स्पष्ट, मजबूत व सकारात्मक संवाद दंपत्ति के एक दूसरे को समझने के लिये जरूरी है। जीवन साथी की मजबूती एवं कमजोरियों की सही धारणा आपके संबंधोंको दृढ़ आधार प्रदान करती है। इतना ही आवश्यक है खुला, ईमानदार संवाद। यदि पति-पत्नी एक-दूसरे का सम्मान करते हों, तो उनके संवाद को दृढ़ता मिलेगी और स्पष्ट संवाद बच्चों के संपूर्ण विकासमें सहायक सिद्ध होगा। इससे संबंधों में सौहार्द्र व शांति बढ़ेगी।

नकारात्मक संवाद के लक्षण हैं एक तरफ संवाद या बिगड़ा हुआ संवाद। यह बहुत हानिकारक है।

बिगड़ा हुआ संवाद वह है जिसमें पति-पत्नी लगातार एक-दूसरे की आलोचना करते हैं व नगण्य या गलत बातों पर भी दोषारोपण करते हैं। एक-दूसरे को वो जरा भी समझना नहीं चाहते। इससे एक युद्धभूमि तैयार हो जाती है जो पहले से ही खराब संबंधों को और बिगाड़ देती है। इस प्रकार का संवाद न केवल व्यर्थ है बल्कि घातक भी है क्योंकि यह भावनाओं को कुचल देता है।

एक तरफा संवाद में, दंपत्ति में से एक लगातार बहस एवम् दूसरे में दोष निकालने का काम करता है, जब कि दूसरा चुप्पी साध लेता है। उनके बीच विचारों का आदान–प्रदान नहीं होता है, अत: मतभेद मिटाने का कोई आधार

नहीं बनता है। अत: खुले विचारों का आदान–प्रदान—यहाँ तक कि आलोचना ही सही—दंपत्ति के बीच सम्बन्धों को मजबूती प्रदान करता है। भले ही उनके बीच बहस अथवा झगड़े का पूर्णतया खात्मा नहीं हो पाए। परन्तु संबंध में मजबूती की अवस्था में वो बदला लेने के भय से मुक्त होकर अपना-अपना विचार रखने की कोशिश करते हैं। अगर वे दोनों खुल कर संवाद करते हैं, तो ऐसी सारी समस्याएँ, जो वैवाहिक जीवन में अलग लग सकती है, सुलझा सकते हैं। ऐसा केवल सकारात्मक संवाद में ही संभव है।

निम्नलिखित समस्याएँ जो आपके अनुसार आपके वैवाहिक जीवन का अनिष्ट कर रही हैं, को चिन्हित करें। चिन्हित करके आप उन समस्याओं को संभालने की कोशिश कर सकते हैं:—

- आपसी विश्वास की कमी
- पारदर्शिता की कमी
- विचारों के आदान–प्रदान का बंद हो जाना
- बच्चे को अनुशासित रखने में मतभेद
- भद्दी भाषा का प्रयोग
- अन्य लोगों के सामने अपमानित करना
- खर्च पर असहमति
- बिना सहमति के एक तरफा निर्णय लेना

- जन्म दिन, शादी सालगिरह आदि महत्वपूर्ण दिन को भूल जाना
- परिवार के साथ समय बिताने में असमर्थता
- अनुशासनहीनता
- जीवनसंगी के पसंदीदा बातों में रूचि नहीं लेना
- घर से बाहर ज्यादा समय बिताना

व्यसन : जैसे तंबाकू चबाना, शराब या सिगरेट आदि।

पति–पत्नी के बीच झगड़े को बच्चे पसंद नहीं करते हैं। अगर पति–पत्नी में से एक यह सोचता है कि उनका बच्चा उसे ज्यादा प्यार करता है, तो यह उनका भ्रम है। बच्चे हमेशा माता–पिता दोनों को एक समझते हैं। पति–पत्नी दोनों को अपने बच्चे को आपसी अनबन के आघात से बचाना चाहिए। जीवन की कुछ सच्ची समस्याएँ, जो दंपत्ति को झेलनी पड़ती हैं, को उदाहरणार्थ यहाँ दिया जा रहा है:—

एक बारह वर्षीय बच्चे, तन्मय का उदाहरण ले लीजिए। वह रोते रोते मुझसे कह रहा है कि अगर मुझे स्कूल जाने के लिए कोई कहेगा तो मैं आत्महत्या कर लूँगा। काफी समझाने–बुझाने पर उसने खुलासा किया कि मैं अपने दोस्तों के साथ खेल रहा था, तभी मैंने अपनी माँ की चीख सुनी, मैं घर की तरफ दौड़ा। वहाँ देखा कि मेरे माता–पिता का कमरा अन्दर से बंद था। मैंने धक्का देकर दरवाजा खोला।

मैंने माँ को दीवार के किनारे पड़ा हुआ पाया, खून बह रहा था। मेरे पिता उन्हें लगातार पीट रहे थे। मैंने पिता को धक्का दिया, वह जमीन पर गिर पड़े, मैंने माँ को वहाँ से हटाया। कुछ देर बाद उस बच्चे ने अपनी शंका व्यक्त की कि एक दिन मेरी माँ को मेरे पिता जान से मार देंगे। अत: मैं स्कूल न जाकर अपनी माँ की रक्षा के लिए घर में ही रहना चाहता हूँ।

दूसरा उदाहरण एक बच्चे, टोनी का है। वह शरीर से दुबला–पतला तथा अशक्त दिख रहा था। उसे भूख नहीं लगती थी, नींद नहीं आती थी तथा उसमें आत्म-विश्वास का अभाव दिख रहा था। कारण था उसके माता–पिता के बीच तनाव। जब मैंने उसके माता पिता से बातचीत की तो मुझे इस बात से आघात लगा कि वे तो अपने बच्चों की समस्या से पूर्णतया अनभिज्ञ थे। टोनी की माँ, निकिता, तो अपने पति के साथ अपनी समस्या का समाधान ढूढ़ने के लिए मेरे पास आई थी। उसका कहना था, "मेरे पति को बिना कारण क्रोधित होने की आदत है। जब भी वह क्रोध करते हैं, मैं कमरे का दरवाजा बंद कर देती हूँ जिससे मेरा इकलौता बच्चा यह दृश्य नहीं देख सके। मैं अपने बच्चे को कुप्रभावित होने से बचाने के लिए हमेशा खुश रहने का नाटक करती हूँ। मुझे खुश देखकर भी मेरे पति को क्रोध आता है। हमारे संबंध में काफी कड़वाहट आ गई है।" वह इस समस्या का समाधान जानना चाहती थी। उसे भ्रम था कि उसके चेहरे पर बनावटी खुशी के आवरण से उसका

बच्चा आश्वस्त था। वह बच्चा सच्चाई से पूरी तरह वाकिफ था। उसकी माँ अपने पति को समझाने का प्रयास करती रहती थी कि उसे समस्याओं को सकारात्मक नजरिए से देखना चाहिए तथा उसका समाधान करना चाहिए। लेकिन पति पर उल्टा असर पड़ता था। वह अपनी पत्नी से डाह करने लगा।

निकिता जैसी समस्या से अनेक पत्नियां जूझ रही हैं।

उदाहरणार्थ,—

एक सत्रह वर्षीय लड़के, पीयूष, को उसके माता–पिता मेरे पास लेकर आए। वह दो बार घर से भाग चुका था। माता–पिता दोनों अत्यंत शिक्षित तथा ऊँचे पद पर थे। पीयूष को उनसे काफी शिकायतें थी। वह बचपन से माता–पिता के बीच तनाव से भावनात्मक रूप से ग्रसित था। बड़ा होने पर वह माता–पिता से छुटकारा पाना चाहता था। वह कहने लगा, मैं उन्हें कभी माफ नहीं करूँगा। उनके बीच हमेशा चलते रहने वाले विवाद ने घर के माहौल को बर्बाद कर दिया था। वे अक्सर आपस में बात करना बंद कर देते थे, एवम् मुझे एक दूसरे से कुछ कहने का माध्यम बना लेते थे।"

उसकी बातें सुनने के बाद मैंने उससे कहा कि वह अपने बचपन से लेकर आज तक अप्रिय अनुभवों का लिस्ट बनाए। उसका लिस्ट इस प्रकार था:—

- मेरे पिता कहाँ-कहाँ जाते हैं—परिवार में किसी को नहीं पता रहता था।
- मेरी माँ पिता पर हमेशा शक करती थी।
- मेरे पिता भी माँ पर शक किया करते थे।
- मेरे पिता का व्यवहार माँ के प्रति अच्छा नहीं था।

पियूष के माता-पिता यह देखकर हैरान रह गए कि उनके बेटे को ये सारी बातें इतनी कम उम्र से ही याद थीं। इस केस का तात्पर्य यह है कि माता-पिता जिद्दी थे और सब कुछ समझते हुए भी उसे स्वीकार करने को तैयार नहीं थे। उनके शादी से बाहर कोई संबंध नहीं थे, मगर वो एक-दूसरे को समय न दे पाने की वजह से एक-दूसरे पर शक करने लगे थे। वे कुत्ते-बिल्लियों की तरह लड़ते थे।

अत: अभिभावकों, होशियार! जो बच्चा आप लोगों के बीच झगड़े–झंझट को देखता है, वह कभी भी सामान्य ढंग का व्यवहार नहीं करेगा।

बच्चे– असली शिकार

रोहन अपनी माँ के साथ मेरे सामने बैठा था। वह अपनी माँ की हरेक बात को काट दे रहा था। वे दोनों घर के मुखिया को दोष दे रहे थे। रोहन तो अपनी माँ के विरूद्ध क्रोध पर काबू नहीं पा रहा था क्योंकि वह पिता के विरूद्ध खड़ा नहीं हो पाती थी। माँ-बाप के बीच संबंध में टकराव का एक मात्र मुक्तभोगी उनका बच्चा होता है। उनकी बातें सुनकर मैंने तय कर लिया कि मुझे क्या करना है।

मैंने ऐसा अनेक केस देखा है जिसमें सामान्य संबंध बनाए रखने में पति अपने पूर्व निर्धारित सोच रखने के कारण असफल रहता है। वह सब पर हावी रहना अपना अधिकार समझता है। उसकी यह मानसिकता अपनी पत्नी के साथ-साथ अपने बच्चे के साथ व्यवहार में भी झलकता है। वह अपने बच्चे को नियंत्रण एवं अनुशासन में रखने में कुछ हद तक सफल होता है। बच्चे को डराकर रखना उनके पालन-पोषण में क्रूरता करना है।

अभिभावकों, होशियार !

यह जानना कठिन है कि डर कर बच्चे क्या कर बैठेंगे। क्या आप चाहेंगे कि आपका बच्चा बर्बादी की कगार पर हो—जैसे असामाजिक तत्व हो जाना। इस हालात के लिए क्या आप जिम्मेदार नहीं हैं? क्या इस हालात के लिए आपका योगदान नहीं है? अनजाने में आपकी स्वयम् की मानसिकता आपके बच्चे को अप्रत्यक्ष रूप से संदेश देती है—भागो! क्योंकि वह घर में व्याप्त अप्रिय स्थिति से निबटने में अपने को अक्षम पाता है। तब वह गलत तरह की मित्र मण्डली की संगत में मन की शांति का एहसास करता है। कई बार ऐसे बच्चे आत्महत्या जैसा कदम भी उठा लेते हैं। फिर आपके पछताने से क्या होगा?

खुद से पूछिए—आपका बच्चा अपने आस-पास बड़ी मित्र–मण्डली क्यों खड़ा करता है? अथवा वह चुपचाप

अलग–थलग रहता है तथा खाना कम खाता है, नींद नहीं आती है, आदि।

अगर इसका शीघ्र निदान नहीं किया जाए तो आपको भारी कीमत चुकानी पड़ेगी। आप कभी भी अपनी भूल की भरपाई नहीं कर पाएंगे।

आपको केवल उतना करना है कि पति-पत्नी एक-दूसरे से जुड़ाव बढ़ाएं, एक-दूसरे की रुचियां पहचानें।

पति के लिए सलाह

- प्रत्येक माह अपने व्यस्त कार्य से छुट्टी लेकर एक बार परिवार के लिए समय निकालें।
- उस दिन के लिए आपके बच्चे बेसब्री से इन्तजार करेंगे।
- अगर आप क्रोधित हो जाते हैं, तो ध्यान रखें कि बाद में आप अपने क्रोध का कारण सबको बताएँ।
- याद रखे पैसा आवश्यक है मगर सब कुछ नहीं है। कहीं आप छोटी-छोटी बातें लेकर बवाल तो नहीं खड़ा कर देते?
- टेलीविजन देखना एक मनोरंजन है जो आपको तनाव मुक्त करता है। इस समय पत्नी तथा बच्चों का साथ और अधिक आनन्द देता है।
- जिस प्रकार आप बच्चों के सामने पत्नी पर क्रोध करते हैं, उसी प्रकार उनसे मधुर बात भी बच्चों के सामने करना न भूलें।

पत्नी के लिए सलाह

- जब पति आक्रामक ढंग से बोल रहा हो तो आप चुप रहें।
- उसके क्रोध करने का कारण बनने से बचें।
- पति के भावुकता विहीन होने का अपने मन में भ्रम नहीं पालें। मर्द अक्सर औरतों से अधिक भावुक होते हैं। अपने पति को अपने मन की भड़ास बाहर निकालने तथा अपना विचार खुल कर रखने के लिए सही समय की प्रतीक्षा करें।
- अपने पति से खिन्न होकर अपने बच्चों के साथ मिलकर उसके खिलाफ मोर्चा बंदी न करें।

दंपत्ति के लिए सलाह

- एक दूसरे को अपना परम मित्र, पथ–प्रदर्शक, बनाएँ। साथ–साथ समय व्यतीत करें।
- एक दूसरे के लिए प्यार का इजहार करना जरूरी है।
- एक दूसरे के जीवन की महत्वपूर्ण बातों जैसे जन्मदिन को याद रखें।
- एक दूसरे के व्यक्तित्व की मजबूती तथा कमजोरी दोनों को पहचानें।
- कौन गलत है और कौन सही को छोड़ कर समस्या के समाधान पर ध्यान दें।

- एक दूसरे के संबंधियों तथा मित्रों का स्वागत करें।
- कभी–कभी एक दूसरे पर किए गए टीका-टिप्पणी को अनसुना करना श्रेयस्कर है।
- अपने पत्नी/पति की किसी अन्य के पति/पत्नी की तुलना करने से बचें।
- एक-दूसरे की निजता का भी सम्मान करे।
- अपने वैवाहिक जीवन में अन्य व्यक्ति को हस्तक्षेप नहीं करने दें।
- एक दूसरे से मतभेद जताने के लिए अपमान जनक भाषा का इस्तेमाल करने से बचें।
- निर्णय लेने में एक दूसरे के विचार का आदर करें। मनमानी न करें। घर का बजट एक साथ बनाएँ।
- सार्वजनिक तौर पर, दूसरे के सामने झगड़ा नहीं करें।
- एक दूसरे तक अपनी बात पहुँचाने के लिए बच्चे को माध्यम नहीं बनाएँ।

पिता के लिए सबसे महत्वपूर्ण बात जानना आवश्यक है कि बच्चे को खुश रखने के लिए उसकी माँ को प्यार करें।

मन की शांति के लिए

एक औरत, स्नेहा मेरे पास आई। वह काफी उद्विग्न थी। उसका कहना था कि वह अपने पति को धोखा दे रही है। उसका अन्य व्यक्ति से अवैध संबंध है। "मेरा पति मेरी

भावनाओं की कद्र नहीं करता है। अपने बच्चे के कारण मैं उससे अलग नहीं हो पा रही हूँ। परन्तु मैं अपराध–बोध से ग्रसित हूँ।"

कमोवेश इस प्रकार के अनेक केस मेरे पास आते हैं। आपसी प्यार के अभाव में वे वैवाहिक मर्यादा का उल्लंघन करते हैं।

साधारण तौर पर अधिकतर पत्नियों की शिकायत होती है कि:—

मेरा पति मेरा ध्यान नहीं रखता है। वह अपने काम तथा दोस्तों की दुनिया में खोया रहता है। वह मेरी व्यक्तिगत खर्चों की आवश्यकता का ख्याल नहीं रखता है। वह अन्य औरतों के प्रति विनम्र व्यवहार करता है। मैं उसकी गैर–वफादारी को और बर्दाश्त नहीं कर पा रही हूँ। वह मनमानी करता है तथा मुझसे चर्चा तक नहीं करता है। इस प्रकार वह मुझे अत्यंत भावनात्मक पीड़ा देता है।

अधिकतर पतियों की शिकायत होती है कि:—

मेरी पत्नी हठधर्मी स्वभाव की है। वह हमेशा मुझे दोष दे कर बातें सुनाती रहती है। उसके कारण मैं घर में रहना नहीं चाहता हूँ। वह हमेशा झगड़ने के मूड में रहती है। वह मेरे माता–पिता, भाई–बहनों का आदर नहीं करती है।

अगर दंपत्ति एक दूसरे की भावनात्मक लगाव की इच्छा को पूरा नहीं कर पाते हैं, तो उनका पारिवारिक माहौल अवांछित परिणाम से ग्रसित होता है। ऐसे लोग घर से

बाहर खुशी की तलाश करते हैं। जैसे कॉकटेल पार्टी, अन्य पुरुष/ औरत से घनिष्ठता बढ़ाने, आदि में।

सच्चाई यह है कि उपर्युक्त गतिविधियाँ उनकी चिंता, असुरक्षा–भाव, हीन–भावना को प्रतिबिंबित करती हैं।

दंपत्ति के नकारात्मक व्यक्तित्व का प्रभाव उनके बच्चों की उनके प्रति धारणा पर पड़ता है जिसके कारण उनमें व्यवहार से संबंधित समस्या उत्पन्न होती है। बच्चे भावनात्मक तौर पर अपने माता–पिता से दूर होते जाते हैं।

तलाक

एक तेरह वर्षीय बच्चे अमन के दर्द को महसूस कीजिए जब वह दुखी आवाज में बताता है कि "मेरे माता–पिता अत्यंत स्वार्थी हैं। वे केबल अपनी खुशी की सोचते हैं। उनको मेरी इच्छा की कोई चिंता नहीं है। मुझे डर है कि वे शीघ्र ही अलग होने वाले हैं। मैं उनमें से किसी एक से अलग होना नहीं चाहता हूँ।"

उसके जैसे अनेक बच्चे हैं जो इस प्रकार के भावनात्मक आघात को सहते हैं जब उनके माता–पिता का अलगाव हो जाता है। उनका मानना है कि तलाक उनके माता–पिता का अपने स्वार्थ में लिया गया निर्णय होता है, बच्चे के प्रति सहानुभूति का अभाव होता है।

चौदह वर्षीय जीशू ने मुझसे पूछा, "क्या आप मेरे माता–पिता के बीच समस्या सुलझा सकती हैं?" उसके चेहरे

पर अपने माता–पिता के लिए मिश्रित भाव स्पष्ट था। उसने कहा कि वे लड़ें, परन्तु अलग नहीं हों। वह दोनों का साथ चाहती थी।

मैंने अनेक दंपत्तियों, जो आपस में अकारण झगड़ते रहते हैं, से पूछताछ के आधार पर पाया कि उनके बीच झगड़े का कारण निम्नलिखित होता है:—

- व्यवहार में पारदर्शिता की कमी
- आपसी वार्तालाप में कमी
- व्यक्तित्व में असमानता
- एक दूसरे के लिए सम्मान का अभाव
- संयुक्त परिवार में रहने के कारण कठिनाई

अगर सही ढंग से कोशिश किया जाए तो इन सभी कारणों से निबटा जा सकता है।

एक मशहूर व्यक्ति एक बार मेरे पास आए तथा अपनी हीन भावना से ग्रसित होने की बात बतायी। कारण था अपनी पत्नी का देहाती वातावरण में पालन–पोषण तथा संस्कार। इसके कारण वे अपनी पत्नी के साथ पार्टी आदि में जाना नहीं चाहते थे। अत: वे तलाक लेना चाहते हैं। एक अन्य प्रसिद्ध व्यक्ति जो खुद आधुनिक रहन–सहन के व्यक्ति थे, अपनी अत्यंत मॉडर्न, आकर्षक पत्नी के साथ सार्वजनिक पार्टी में जाने से कतराते थे क्योंकि वे असुरक्षित, निराश

तथा हीन भावना से ग्रसित हो जाते थे। उनका भी केस तलाक की ओर अग्रसर था।

उपर्युक्त कारणों से तलाक की बात सोचना अपरिपक्वता एवम् सतही ज्ञान का दाम्पत्य के बारे में होना दर्शाता है।

अगर आप पारिवारिक दायित्व के प्रति वफादार हैं तो सारी समस्याएँ छू–मंतर हो जाएगी। चाहे आपकी पत्नी गाँव की हो या अति आधुनिक, आपका परिवार के साथ मजबूत लगाव सबका सम्मान अर्जित करेगा।

अगर आपका अपनी पत्नी पर से विश्वास उठ गया हो तो उससे शांति से बात करें। उसे क्षमा करना सीखिए। वैवाहिक जीवन में जो कमी हो, उसे सुधारिए। तलाक लेने से पहले यह सोचें कि क्या पत्नी से अलग हो जाने से आपकी समस्याएँ खत्म हो जाएंगी। अगर आपके बच्चे हैं, तो इस आयाम पर भी विचार करना होगा। दोनों स्थितियों को तौलकर निर्णय लेना पड़ेगा। अगर आप अपने बच्चे के सामने अपनी पत्नी के खिलाफ बोलेंगे, तो उसका दिल टूट जाएगा। वे गलत आदतों के शिकार हो सकते हैं।

अगर तलाक लेना अवश्यंभावी हो जाए, तो बड़प्पन दिखाते हुए ऐसा करें।

एक चौदह वर्षीय बच्ची, शिखा काँप रही थी जब वह अपने माता–पिता के बीच मारपीट का बयान कर रही थी। वह उन दोनों से छुटकारा चाहती थी। उन दोनों की सुरक्षा

की भी चिंता थी। अत: वह चाहती थी कि वे अलग–अलग रहने लगें।

एक पति, अंकुर ने मुझे बताया कि उसे शराब की लत थी तथा पूरी कोशिश के बावजूद वो उसे छोड़ नहीं पा रहा था। मैंने फ्रॉयडियन थ्योरी के माध्यम से उसे समझाया कि कुछ लोग होते हैं जो तात्कालित तुष्टि के शिकार होकर अपने कार्यों के दूरगामी परिणाम नहीं देख पाते। धीरे-धीरे उसे समझ आया कि लत छोड़ना मुश्किल है मगर असंभव नहीं।

हर दंपत्ति को समस्याओं का निराकरण करना आना चाहिये। यदि वो सही तरीके से विचार करे तो हर समस्या का हल संभव है।

■■■

3

बच्चा– मूक दर्शक

अक्सर माता–पिता को अंदाजा नहीं होता है कि वे अपने आप को, तथा अपने बच्चे को कितना हानि पहुँचा सकते हैं।

जब कि उनका बच्चा कई विषयों की परीक्षा में फेल होता है, वे अपने दोस्तों के बीच उसकी तारीफ के पुल बाँधते नहीं थकते। समाज में स्थान रखने वाले अभिभावकों की बातें सुन कर दया आती है। बच्चे का स्कूल में अच्छा करना उनके सम्मान का प्रश्न होता है। बच्चे का स्कूल में फेल करना माता–पिता के लिए सामाजिक अपमान का विषय होता है। ऐसे माता–पिता के लिए बच्चे के कैरियर की चिंता कम, अपने सम्मान की चिंता ज्यादा होती है।

एक ग्यारह वर्षीय बच्ची, लिसा, जिसने आत्म हत्या की कोशिश की थी, का कहना था कि “मेरे माता–पिता को मुझसे इतनी ऊँची उम्मीदें थी कि मुझे डर लगने लगा था— अगर मैं उनकी उम्मीद पर खरा नहीं उतर पाया तो क्या होगा। ऐसा लगने लगा कि मुझे खुद के लिए नहीं बल्कि माता–पिता के लिए पढ़ाई में अच्छा करना है।”

अनेक बच्चों की तरह एक तेरह वर्षीय बच्चा, शुभम अपने माता–पिता की उससे ऊँची उम्मीद के कारण उहापोह में था। उसने मुझसे कहा कि वह अपनी पढ़ाई तथा माता–पिता की ऊँची उम्मीद के दो पाटों के बीच फँस गया था।

अभिभावक बच्चों के बारे में बढ़ा–चढ़ा कर जब झूठ बोलते हैं, तो वे भूल जाते हैं कि इसका कितना बुरा असर बच्चों पर पड़ता है। वह बच्चा किसी तरह पढ़ाई में अव्वल आना चाहता है। अगर वैसा नहीं कर पाता है तो वह जाली रिपोर्ट कार्ड बनवाकर उस पर अभिभावक का हस्ताक्षर कर लेता है। इस तनाव से छुटकारे के लिए बच्चा या तो घर से भागने की या अपनी जान लेने की कोशिश करता है।

आठ वर्षीय बच्ची, मीनू जब परीक्षा में नकल करते पकड़ी गई तो वह बड़बड़ाने लगी, "मेरे अभिभावक मुझे पीटेंगे अगर मैं फेल हो गई क्योंकि मेरे चचेरे भाई अक्सर अच्छे नम्बरों से पास होते हैं।" स्पष्ट था कि उसके माता–पिता की उम्मीदों का उस पर किस कदर दबाव था।

बच्चों की अपने माता–पिता के विरुद्ध शिकायतों पर एक नजर डालें:—

- उनकी सच्चाई से परे ऊँची उम्मीदें
- अपने परिचितों के सामने बच्चों की दक्षता की डींग हाँकना
- उनके साथ अभिभावकों का समय व्यतीत नहीं करना

- अभिभावक का बच्चों की पढ़ाई पर ध्यान नहीं देना, लेकिन परीक्षा में कम अंक देखकर भड़क उठना
- मेरी माँ किटी पार्टी में व्यस्त रहती है, या खरीददारी में व्यस्त रहती है।
- मेरी माँ ऑफिस जाती है, परन्तु जब भी घर पर होती है, मुझ पर चिल्लाती रहती है।
- मेरी माँ अक्सर मुझे घर पर छोड़कर बाहर जाती है। मुझे आया के पास छोड़कर।
- मेरे माता-पिता मुझे सबके सामने डांटते हैं।
- वो कभी मेरे स्कूल के कार्यक्रमों में नहीं आते।

अनेक बच्चों की अपने माता–पिता के बारे में धारणा

- उनकी तरफ माता–पिता की बेरूखी
- माता–पिता का स्व-केंद्रित ध्यान होना
- माता की घर के अन्दर बच्चे का ध्यान रखने की ड्यूटी, तथा पिता की बाहरी जिम्मेदारी निभाने की ड्यूटी
- माँ का करूणामयी स्वभाव होने के कारण बच्चे का उनसे बिना भय के घुलने–मिलने में सहजता का अनुभव करना।

बच्चे की धारणा के अनुसार माँ में अच्छे संस्कार का निर्माण करने, कर्तव्य की भावना, आदि अच्छे अभिभावक की योग्यता होती है जिस पर उसके बच्चे भरोसा करते हैं तथा सुरक्षा का एहसास होता है। यह सकारात्मक धारणा बच्चे को अपनी माँ के लिए गर्व का अनुभव करने में मदद करती है।

पिता बच्चे को बाहरी दुनिया को जानने समझने का ज्ञान देता है जिससे समय आने पर सही निर्णय ले सके।

- पिता अपने बच्चे को वयस्क हो जाने के बाद भी स्नेहवश छोटा बच्चा ही समझता है। वह कभी भी आर्थिक समस्या के संकट से बच्चे को परेशान नहीं होने देता है। इसके कारण वयस्क बच्चे को पिता की आर्थिक दशा का ज्ञान नहीं होता है, तथा खुल कर पैसे उड़ाने से गुरेज नहीं करता है। अत: एक पिता को बचपन से ही बच्चे को पैसे के महत्व की जानकारी देना शुरू कर देना चाहिए। इस तरह एक माँ बच्चे के लिए भावनात्मक बातों के लिए तथा एक पिता व्यावहारिक ज्ञान के लिए मार्गदर्शक होते हैं।

अब इस बात का विश्लेषण करें कि माता–पिता के सही अभिभावक धर्म निभाने के बाद भी बच्चे पर सकारात्मक प्रभाव नहीं दिखाई पड़ता है। उसके कारण है—

- बच्चे को हर समय उपदेश देते रहना।

- बच्चे के हर बार घर से बाहर जाने पर साथ–साथ जाना।
- बच्चे को अत्यधिक छूट देना।
- आप सोचते हैं कि गलती के लिए फटकारना या शारीरिक दण्ड देना बच्चे की सही देखभाल के लिए जरूरी है।
- बच्चे को अनुशासन सिखाने के लिए आप अपनी हर बात मानने के लिए विवश करते हैं।
- बच्चे की गलतियां नजर अंदाज़ करना।

अभिभावक के सकारात्मक व्यवहार में अक्सर नकारात्मक व्यवहार का पुट होता है। जैसे वह हमेशा बच्चे पर स्नेह की वर्षा करता है, प्रशंसा करता है, लेकिन उसकी एक बार डाँट–फटकार या दंड सारा किए–कराए पर पानी फेर देता है।

अभिभावक चाहे जितना अच्छा पालन–पोषण करने की मंशा रखता हो, परन्तु देखभाल करने का सही ज्ञान न होने के कारण वह सफल नहीं हो पाता है।

वह अपने बनाए नियमों का पालन करता है। इसका बच्चे पर क्या प्रभाव पड़ता है, उससे वह बेखबर रहता है। बच्चा चुपचाप अपने अभिभावक का व्यवहार करने का तरीका देखता रहता है, जिसके कारण उसके मन में क्षोभ एवम् आक्रामकता का संचार होता है। अब उस क्षोभ का क्या किया जाए? उत्तर है—माँ को अपने बच्चे को

सकारात्मक गतिविधियों में लगाना चाहिए। इसीलिए माँ को संसार भी कहा गया है।

बच्चे में आक्रामकता से कैसे निबटें?

ऐसे बच्चों से निबटना अच्छे–अच्छे अभिभावकों के लिए भी कठिन होता है। वार्ता के दौरान मुझसे अनेक अभिभावकों ने कहा कि बच्चे के साथ अच्छा–खासा समय व्यतीत करने तथा पूरा ध्यान रखने के बावजूद वे बच्चों को संभाल नहीं पाते हैं। वास्तव में, हठधर्मी, अनुशासनहीन स्वभाव के बच्चे को संभालने के लिए अधिक ध्यान देना आवश्यक नहीं है क्योंकि ऐसे बच्चे अपनी खुद का सोच रखते हैं, तथा उसमें दखल अंदाजी करने पर नाराज हो जाते हैं। ऐसे में समझदारी से काम लेना आवश्यक है। मगर ऐसे में माता-पिता का नकारात्मक व्यवहार समस्या को बढ़ा देता है। यह उदाहरण देखें, जिनमें माता-पिता का अभी-अभी झगड़ा हुआ है।

माँ (1)—(अपने बच्चे से) देखो। तुम्हारे पिता का मुझसे कैसा बर्ताव है? उनके पास तुम्हारे लिए भी वक्त नहीं होता। इसलिये मुझे वो नापसंद है।

माँ (2)—(अपने बच्चे से) कोई बात नहीं। यह सब तो होता ही रहता है। हम झगड़े बिना नहीं रह सकते। (हंस कर टाल देती हैं।)

यहाँ दूसरी माँ ने सूझबूझ से काम लेते हुए अपने बच्चे पर कुप्रभाव नहीं पड़ने दिया।

अभिभावक-जीवन : एक लंबी यात्रा

एक बच्चे की तरह ही एक बड़े को भी लगाव की जरूरत होती है। कई माता-पिता सोचते हैं कि एक बार उनका बच्चा बड़ी कक्षा में गया, उसका करियर बनने लगा, तो उसे माँ-बाप के मार्गदर्शन की जरूरत नहीं।

दूसरी ओर, बड़े-बड़े संस्थानों मे पढ़ने वाले विद्यार्थियों में आत्महत्या, नशे की लत, शराब, अपराधी गतिविधियों के उदाहरण मिलते हैं। ऐसा केवल पढ़ाई के दबाव से नहीं होता। एक बार एक होस्टल में तलाक शुदा माता-पिता को बच्चे की लाश के लिये भी झगड़ते पाया गया। क्या यह भी पढ़ाई का दबाव था?

होस्टल के छात्रों की यह समस्याएँ मैंने सुनी हैं:--

- मेरे माता-पिता मुझे एक-दूसरे के खिलाफ भड़काते हैं। मैं तो छुट्टियों में भी घर नहीं जाना चाहता।
- मेरे पिता हमेशा मेरी माँ से झगड़ते हैं। मैं पढ़ाई में ध्यान नहीं दे सकता।

मेरे माता-पिता मेरी ओर से पूरी तरह लापरवाह हो चुके हैं। मैं उनसे अपनी समस्याएँ नहीं कहता।

■■■

4

सक्षम अभिभावक कैसे बने?

एक बच्चे की माँ, सन्ध्या अपने बच्चे की देखभाल के तौर–तरीके से संतुष्ट थी। परन्तु अपने बच्चे की सुस्ती से काम करने की आदत से वह बौखला जाती है। बच्चा खाने में अनावश्यक रूप से ज्यादा समय लगाता है। वह समझा–समझा कर थक जाती है कि उसे भी घर में सबके लिए बना खाना खाना चाहिए। लेकिन वह खाने में बहुत अलग पसंद करता है। उसी समय उसका बच्चा, पीयूष अचानक क्रोध में कुर्सी से उठ खड़ा हुआ तथा अपनी माँ सन्ध्या की बाँह पकड़ लेता है तथा मुझसे कहता है कि उसकी माँ जबरदस्ती करती है कि जो वह बनाती है उसे खाना पड़ेगा।

सन्ध्या चिल्लाने लगती है, “मेरा हाथ छोड़ो।” एवम् बच्चे को तमाचा जड़ देती है।

मैं चुपचाप यह दृश्य देख रही थी। मुझे आश्चर्य हुआ कि कैसे एक माँ इस तरह का व्यवहार कर सकती है। एक मामूली बात को इतना तूल कैसे दे सकती है।

अंतत: मैंने सन्ध्या को समझाया, “आप जिस प्रकार उससे व्यवहार करती हैं, वह वैसा ही व्यवहार करने को

सामान्य आचरण मान बैठता है तथा वैसा ही करना उसके व्यक्तित्व का हिस्सा बन जाता है।”

लेकिन सन्ध्या अपनी बात पर अड़ी थी। उसका मानना था कि अपने बच्चे के स्वास्थ्य के लिए घर का बना स्वास्थ्यकर पौष्टिक भोजन खिलाना जरूरी है, नहीं तो वह कमजोर हो जाएगा। बच्चे के देर तक खाने की आदत से उसे स्कूल के लिए तैयार होने में देर हो जाती है।

उसे समझना चाहिए कि बच्चे की मामूली समस्या के कारण से निबटने के अनेक तरीके हैं। जैसे एक तय समय निर्धारित कर देना, जिसके अन्दर बच्चा अपने तरीके से काम पूरा करने के लिए स्वतंत्र हो। उसके खाने के लिए अपनी पसंद के भोजन पर जोर न देकर उसके पसंद का भोजन दें—बशर्ते स्वास्थ्यकर हो। अगर फिर भी बच्चा खाने से इन्कार करे तो उसे भूखा छोड़ दो। एक सप्ताह में ऐसा करने से अच्छा परिणाम मिलेगा।

कुछ दिनों के बाद सन्ध्या मेरे पास आई तो वह काफी खुश थी। उसने कहा कि उसका बच्चा खाने में मीन–मेख निकालना बंद कर चुका है। मैंने भी उसे डाँटने के बजाय कहना शुरू कर दिया कि मैं उसे बहुत प्यार करती हूँ, अत: मैं उसे कमजोर, बीमार नहीं देख सकती। वह समझ गया कि उससे स्वास्थ्यकर भोजन के लिए मैं क्यों जिद करती थी। वैसा करना मेरी कठोरता नहीं थी, बल्कि उसके लिए मेरा प्यार था। अन्य उदाहरण है जिसमें एक माँ को विश्वास था कि बच्चे को अपने साथ एक बिस्तर पर सुलाने से उसमें

भावनात्मक लगाव बढ़ता है। मैंने उसे समझाया कि बच्चे को साथ सुलाने से नहीं, बल्कि स्नेह का गरम एहसास देने से भावनात्मक लगाव बढ़ता है। बहुत अभिभावक यह नहीं जानते कि साथ बिस्तर पर सुलाने से बच्चे में आत्म–विश्वास की कमी पैदा होती है। एक अन्य माँ, निधि अपने बच्चे को अलग कमरे में तो सुलाती थी, परन्तु उसके सोने के पहले कहानियाँ, लोरी सुनाती थी। उसका कहना था कि उसका बच्चा बहुत देर तक उसे बैठाए रहता था। उसे कहानी सुनाने में बहुत मजा आता है।

मैंने उसे समझाया कि बच्चे को कहानी सुनाने का कोई अन्य समय निर्धारित करे, जैसे खाना खाते समय।

अपने बच्चे में गलत आचरण करने की आदत को शुरू में ही सुधारने की कोशिश करें। उसमें इस समस्या का होने का कारण समझें।

फिर ध्यान करें कि इस पर आप की क्या प्रतिक्रिया होती है?

अपनी प्रतिक्रिया स्वरूप नाराजगी आप कैसे व्यक्त करते हैं?

आपकी नाराजगी पर बच्चों की क्या प्रतिक्रिया होती है?

क्या बच्चे के साथ आपकी बहस हो जाती है? क्या आप अक्सर बच्चे का मोबाइल फोन, टेलीविजन देखने की

आदत, दोस्तों की मंडली होने आदि के कारण उस पर नाराज होते हैं?

इस प्रकार की समस्या को आप आसानी से सुलझा सकते है:—

आप अपने बच्चे का दोस्त तथा मार्गदर्शक बनें। उससे दोस्तों के साथ मित्रतापूर्ण व्यवहार करें।

अन्य बच्चों के साथ घुलने–मिलने से आप अपने बच्चे में जो कमी है, उसे जान सकते हैं। जैसे, क्या वह शर्मीला स्वभाव का है? बच्चे को अपनी कमजोरी खुद पहचानने तथा उसे दूर करने के लिए समय दें। अगर आप उसकी कमी के लिए रोज उसे कोसने लगेंगे तो उसका बुरा प्रभाव बच्चे पर होगा। इसी प्रकार बच्चे की बुरे लड़कों की संगति हो जाने पर उसे कोसने के बजाय उसे स्वयम् इस गलती का एहसास होने का मौका दें, बस एक बार उसे समझाएं जरुर।

आपका बच्चे के प्रति भावनात्मक लगाव उसे गलत आदतों से दूर रखने में मददगार होगा। खतरनाक कारनामे, जैसे गाड़ी तेज चलाना, अन्य प्रकार का स्टंट करना बच्चे के अन्दर हताशा, निराशा का भाव होने का लक्षण होता है। बच्चे में हताशा उत्पन्न होने के अनेक कारण हो सकते हैं। जो बातें माता–पिता के नजरिए से अनावश्यक है, हो सकता है कि बच्चे की सोच के अनुसार आवश्यक हो। उसके विचार पर ध्यान पूर्वक सोचें। उसके निराशा से उत्पन्न खीझ पर आपको शांत रहना चाहिए। उसे परिस्थिति को समझने का मौका दें। वह खुद आपसे मदद माँगेगा। थोड़ा इंतजार करें।

बच्चे से बात करने के तरीके में बदलाव लाएँ।

जैसे:—

माँ:– सात बजे तक सोये हुए हो, कब पढ़ाई करोगे?

बच्चा: मुझे नींद आ रही है, सोने दो।

माँ: जोर से चिल्लाते हुए कहती है कि उठो, यह पढ़ाई का वक्त है। फिर स्कूल भी तो जाना है।

बच्चा:– चिल्ला कर कहता है कि जाओ यहाँ से।

इस प्रकार के वार्तालाप से बचें। क्या बच्चे को सो कर उठाने के लिए आपके पास अन्य अच्छा तरीका नहीं है? जैसे:—

हमलोग सुबह टहल कर वापस भी आ गए। अब उठो, चलो साथ बैठ कर चाय/दूध पीते हैं।

बच्चा: -- (खुशी से) मैं पहले उठा हुआ हूँ, माँ।

दोपहर के भोजन के समय वार्तालाप

माँ:– खाना टेबल पर लग गया है, तुम अभी तक टेलीविजन ही देख रहे हो।

यह कह कर वह टेलीविजन बंद कर देती है।

बच्चा:– क्या मूर्खता है। मैं पसंदीदा प्रोग्राम देख रहा था, क्यों बंद कर दी?

यह कह कर वह स्विच ऑन कर देता है। होना यह चाहिए था कि–

माँ:– भोजन का समय हो गया है। क्या चल कर भोजन टेबल पर लगाने में मेरी सहायता कर सकते हो?

हो सकता है कि:–

बच्चा:– माँ, कुछ समय के लिए रूक सकती हो? मजेदार प्रोग्राम आ रहा है।

माँ:– ठीक है, जब प्रोग्राम पूरा हो जाए, बता देना।

बच्चा:– ठीक है।

एक और दृश्य:–

बच्चा:– (खाना देखकर वह चिल्लाता है) मैं इस प्रकार की सब्जी नहीं खा सकता। मुझे मैगी बना दो।

माँ:– तुम्हें हरी सब्जी खानी पड़ेगी।

यह वार्ता यूँ होनी चाहिए:–

माँ:– अब तुम बड़े हो गए हो। भोजन में पोषक तत्वों की अहमियत मैं जानती हूँ। बहुत सी चीजों को मैं भी खाना पसंद नहीं करती हूँ, परन्तु अच्छे स्वास्थ्य के लिए खाना जरूरी है। अभिभावकों! अपने बच्चों को भोजन की अहमियत समझाइये। साथ ही साथ उनसे भावनात्मक जुड़ाव स्थापित करें। उनसे झगड़े नहीं, बल्कि अलग प्रकार से समझाने का प्रयास करें।

उदाहरण के तौर पर, एक माँ अपनी बेटी से कह सकती है:--"मैं तुम्हें यह असभ्य पोशाक नहीं पहनने दूंगी।"

या फिर वो इस प्रकार कह सकती है—

“कभी-कभी तुम्हें पारंपरिक पोशाक भी पहननी चाहिये। इससे तुम ना सिर्फ अच्छी दिखोगी, बल्कि ग्रुप में सबसे अलग भी लगोगी।”

कुछ और उदाहरण—

1. गलत तरीका:--

पिता : क्या बेवकूफी है! जब भी मैं घर आता हूँ, तुम इंटरनेट पर चिपके होते हो। मैं कनैक्शन कटवा दूंगा।

बेटा पैर पटकता चला जाता है।

सही तरीका:--

पिता : बेटा, कुछ समय हमें भी दो।

2. गलत तरीका

पिता : तुम कितना घटिया ड्राइव करते हो! मैं तुमसे कार वापस ले लूँगा।

बच्चा पिता के प्रति कड़वाहट पाल लेता है।

सही तरीका:--

पिता : तेज रफ्तार अच्छी तो लग सकती है, मगर सुरक्षित नहीं होती। तुम्हें अपने जीवन का मूल्य समझना चाहिये। मैं तुम्हें संकट में नहीं देख सकता।

सही समय पर अपने बच्चे से हर मुद्दे पर सही तरीके से बात करें। आप स्वयं अंतर देखेंगे।

■■■

5

अभिभावक के लिए चुनौती

अगर कामकाजी महिला हैं तो आप सबसे अधिक कुप्रभावित होती हैं। बच्चे की देखभाल में कमी होने के कारण अत्यंत अपराध–बोध से ग्रसित होती हैं। लेकिन आधुनिक भारत में अब माँ की भूमिका भी गृहस्थी तक सीमित नहीं रह गयी है। अब वह घर के बाहर अपने कैरियर पर भी ध्यान दे रही है।

सुखद आश्चर्य यह जान कर होता है कि आज के बच्चे भी अपनी माँ के कामकाजी होने पर गर्व महसूस करते हैं। गृहस्थी में ही उलझी माँ के बच्चे अपने को उन बच्चों से हीन समझते है जिनकी माँ कामकाजी हैं। कामकाजी महिलाओं के घर तथा बाहर दोनों को संभालने की क्षमता में कमी के कारण समस्या खड़ी होती है। जिसके कारण उनमें हताशा उत्पन्न होती है तथा यह हताशा, उनमें उत्पन्न क्रोध तथा डिप्रेशन उनके सुख चैन को छीन लेता है।

एक कामकाजी महिला इस कारण अपराध–बोध से ग्रसित थी कि वह अपने छः वर्षीय बच्चे के साथ अन्याय करती है—क्योंकि जब वह स्कूल से घर आता है तब वह अपनी माँ को घर पर नहीं पाता है। सच में यह एक कठिन क्षण होता है, परन्तु कामकाजी महिला को ऐसा कुछ करना

आवश्यक है कि उसका बच्चा अपनी माँ के साथ भावनात्मक लगाव महसूस करे—चाहे उसकी माँ उसके पास हो या नहीं, जैसे:—

उसकी टेबल पर लिखित संदेश रख सकती हैं—खाने का मजा लो। मैं तुम्हें प्यार करती हूँ, परन्तु इस क्षण तुम्हारे साथ नहीं होने का मुझे खेद है। इन शब्दों का उस पर जबरदस्त प्रभाव पड़ेगा जिससे वह सकारात्मक मनोस्थिति के साथ उम्र में बड़ा होता जाएगा।

शाम का नाश्ता तथा रात का भोजन बच्चे के साथ करके माँ दिन की क्षतिपूर्ति कर सकती है।

पति या पत्नी की अकेले अभिभावक की भूमिका

अकेले पति या पत्नी के लिए बच्चे को संभालना एक चुनौती है। बच्चे के मन पर एक का नहीं होने से गंभीर असर होता है। खास कर के माँ की मृत्यु से बच्चे की दुनिया बिखर जाती है। उसके भावनात्मक लगाव में शून्यता आ जाती है। जबकि पिता की मृत्यु से उसके मन में असुरक्षा–आर्थिक तथा शारीरिक–का डर समा जाता है। तलाक का भी बच्चे के मन पर असर पड़ता ही है।

अकेली माँ

एक पत्नी अपने पति की मृत्यु के बाद तुरंत अपने बच्चों की देखभाल का जिम्मा लेने की तैयारी करती है। संयुक्त परिवार का रिवाज टूटने के बाद अकेली रह गई पत्नी के

लिए अपने को संभालने तथा सच्चाई को स्वीकार करने के अलावा कोई रास्ता नहीं बचता है।

ऐसी ही एक औरत, अनीमा, का कहना था कि इस स्थिति के आने का उसे ख्याल तक नहीं आया था। 'पति की मृत्यु पर रो भी नहीं पाई। क्योंकि मेरे पीछे दो छोटे–छोटे बच्चे थे। मुझे एहसास हुआ कि अब जिंदगी की जंग शुरू हो गई है। बच्चों की देखभाल की जिम्मेदारी मेरा कर्तव्य था।' उसके जीवन में उथल–पुथल मच गयी। 'मेरा बेटा अब बारह वर्ष का हो गया था। बेटी भी पंद्रह वर्ष की हो गई थी। परन्तु दोनों के व्यवहार में पूर्णत: अन्तर था। बेटा क्रमश: आक्रामक स्वभाव का हो रहा था। वह अक्सर झूठ बोलने लगा था। उसके अनेक दोस्त हो गए थे। जब कि बेटी ज्यादातर चुप रहती थी तथा वह किसी से दोस्ती नहीं रखती थी। इस प्रकार का उल्टा व्यवहार मुझे चिंतित कर देता था। मुझे निराशा थी कि सारी कोशिशों के बावजूद मैं उनके व्यवहार को नियंत्रित नहीं कर पायी थी।'

अनीमा के बेहतरीन प्रयासों के बावजूद यह समस्याएँ आई क्योंकि उनके छोटे बच्चे अपनी माँ की समस्या समझ ना सके। साथ ही छोटी आयु में ही विधवा हो जाने वाली माँ भी पूरी परिपक्वता नहीं दिखा पाई। कई चीज़े पिता बेहतर कर पाते हैं, अत: अकेली माँ में निर्णय-क्षमता के अभाव, स्वदोषारोपण, अत्यधिक उदारता आदि के कारण मानसिक समस्याएँ पैदा हो सकती हैं।

अनीमा ने स्पष्ट तौर पर बताया कि उसे अपने रिश्तेदारों की सहायता लेनी चाहिए थी, मगर उसने ऐसा नहीं किया, स्वाभिमान के कारण। उसने यह भी माना कि अकेली औरत का कार्य कठिन होता है क्योंकि लोग उसे कमजोर समझते हैं।

उसके बेटे का कहना था कि उसकी माँ उसे टेलीविजन देखने से मना करती है, दोस्तों से बात करना पसंद नहीं करती है। वह हमेशा मुझे पढ़ाई करते देखना चाहती है।

उसकी बेटी ने कहा कि वह अपनी माँ की भारी जिम्मेदारी देखकर निराश हो जाती है। 'मैं उनके साथ अपनी मन की चिंता नहीं बांट सकती थी, क्योंकि वैसा करने से उनकी परेशानी दुगुनी हो सकती थी।'

एक अकेली औरत को ख्याल रखना चाहिये कि:—

- वह बच्चों को समझाए कि बिना पिता के जिन्दगी कितनी कठिन होती है। उन्हें सच्चाई को स्वीकार करना चाहिए। बच्चों को अन्य ऐसे परिवारों का उदाहरण प्रस्तुत करना चाहिए जिससे उनमें आत्म विश्वास पैदा हो।
- बच्चों की जरूरतों एवम् इच्छाओं का ध्यान रखना चाहिए, जो मुख्यत: पिता का काम होता है। उन्हें अपने पिता की जगह पर रख कर परिवार की जिम्मेदारियों के बारे में अपने विचार रखने के लिए प्रोत्साहित करना चाहिए। इससे बच्चों में

आत्मविश्वास बढ़ता है। उसे अपने परिवार के लिए अपना महत्व समझ में आएगा तथा वह अपनी माँ के साथ घर के मामले में सहयोग करेगा। किसी प्रकार की कमी को लेकर शिकायत नहीं करेगा।

- घर में तथा घर के बाहर (ऑफिस) दोनों जगह अपनी क्षमता का परिचय दें। अनेक अकेली कामकाजी महिलाएँ आवश्यक तनाव, बहस, अपने बच्चों, मृत पति से शिकायत में समय व्यर्थ करती हैं। आपके बच्चे आपको शांत स्वभावी देखना चाहते है। माहौल में शून्यता को भगाने के लिए आपको अपनी मुस्कराहट तथा खुशनुमा क्रियाकलाप से उसे भरना होगा।
- अगर काम के सिलसिले में घर से बाहर रहने की कमी को आप बच्चों की सुख सुविधा की वस्तुओं से पूरा करने की कोशिश करती हैं, तो आप और समस्या पैदा करेंगी। क्योंकि भावनात्मक लगाव का यह कोई पर्याय नहीं है।
- अगर आप काम से तब घर लौटती हैं जब बच्चे पहले ही स्कूल से आ चुके होते हैं—तो आपको अपनी अनुपस्थिति की भरपाई के लिए अपने लगाव को प्रदर्शित करने का सांकेतिक उपाय काम में लाना चाहिए। इससे बच्चे आपकी मजबूरी समझेंगे।
- अपने किसी मित्र से अपनी समस्याएँ बांटें।

अकेला पिता

अनेक उदाहरण इस बात का प्रमाण होते हैं कि अकेला पिता बच्चे की देखभाल करने में अक्षम सिद्ध होता है। इसका कारण मर्द की स्वाभाविक हठधर्मिता होता है अथवा बिल्कुल ही नरमी दिखाने का स्वभाव होता है। ये दोनों परस्पर विरोधाभासी आचरण बच्चों के पालन–पोषण में अवरोधक होते हैं। एक मातृविहीन बच्चा अपने पिता से अपनी बात खुल कर कहने में खुद को अक्षम पाता है। इस समाज में ऐसा देखने को मिलता है कि अक्सर बच्चे अपनी बात माँ के माध्यम से पिता तक पहुँचाते है। माँ की मृत्यु के उपरांत बच्चे मुश्किल में पड़ जाते हैं, तथा पिता के लिए बच्चे की देखभाल करना कठिन लगता है।

अकेले पिता के लिए कुछ सुझाव

- पिता को अपने बच्चों को उत्साहित करना, प्रशंसा करना, तथा प्यार भरा आलिंगन करना जैसे भावनात्मक व्यवहार का आवश्यक प्रदर्शन करना चाहिए।
- पिता को अपने बच्चे के दोस्तों एवम् उनके माता–पिता से मेल–जोल करना चाहिए। स्कूल में टीचर–अभिभावक मीटिंग में अवश्य जाएँ।
- बच्चे को स्कूल का होम–वर्क करने में सहयोग दें। उसके स्कूल की घटनाओं पर चर्चा करें।

- बच्चों के साथ मिलकर कभी–कभी पसंदीदा खाना बनाएँ। घर की साफ–सफाई भी मिल कर करें। इससे बच्चों को खुशी मिलेगी।
- ध्यान रहे कि पिता द्वारा बच्चे की सभी जायज–नाजायज इच्छा को पूरा करना घातक होगा। ऐसा करने से बच्चा हरेक बात मनवाना अपना अधिकार समझ बैठेगा। नहीं मानने पर झुँझलाएगा। भविष्य में जिद्दी आचरण का व्यक्ति बनेगा।

तलाकशुदा पति या पत्नी

अनेक ऐसे माता या पिता मेरे पास सलाह लेने आते हैं। वे परस्पर विपरीत परिस्थितियों से जूझते हैं, जिसके कारण वे बच्चे की सही देखभाल करने में असहाय होकर भय महसूस करते हैं।

पहली परिस्थिति:–

मैं एक तलाकशुदा माँ हूँ। मेरी जीवन कठिन हो गया है। बच्चे की सही देखभाल कर रही हूँ या नहीं इस बात पर मुझे भरोसा नहीं होता है। मैं बच्चे को लेकर कहीं जाने से डरती हूँ, क्योंकि वह कहीं भी जिद पसार देता है तथा नाटकीय दृश्य खड़ा कर देता है। उसका आक्रामक व्यवहार कंट्रोल के बाहर होता जा रहा है।

तलाकशुदा अभिभावक के बच्चे के लिए भावनात्मक सहारे की जरूरत होती है। क्योंकि तलाक के पहले के उसके माता एवम् पिता के बीच गृह युद्ध के वातावरण में वह

मानसिक उत्पीड़न झेल चुका होता है जिसकी उसके मन पर अमिट छाप पड़ती है। माता–पिता में से किसी एक से अलगाव का बच्चे की स्वाभाविक भावना एवम् सुरक्षा भाव पर बुरा प्रभाव पड़ता है। वह समाज में बेइज्जती महसूस करता है।

अवश्यंभावी तलाक की स्थिति में माता–पिता दोनों को इस बात का ध्यान रखना जरूरी है कि बच्चे के मन में माता या पिता के प्रति जहर नहीं भरें तथा अपनी कड़वाहट या भड़ास उसके सामने नहीं निकालें। बच्चा पिता या माता— किसी के विरूद्ध गलत होने का आक्षेप नहीं सुनना चाहता है। अत: माँ या पिता को एक दूसरे पर दोष मढ़ना बच्चे को गँवारा नहीं होता है। तलाकशुदा पिता या माता को यह ध्यान देना चाहिए कि वे बच्चे के लिए सकारात्मक एवम् खुशनुमा माहौल बनाएँ।

व्यस्तता के कारण अगर आप अपने बच्चे को भरपूर समय नहीं दे पाते हैं तो निम्न उपाय करें:—

- परिवार के अन्य लोगों या मित्रों के साथ संबंध मधुर बनाए रखें जिससे आवश्यकता पड़ने पर आपके बच्चों की देखभाल कर सकें।
- अक्सर उनके बच्चे को उपहार, मिठाई आदि दिया करें जिससे बच्चे आपकी जरूरत महसूस करें।

- अपने बच्चों में कला या अन्य सृजनात्मक शौक पैदा करने में मदद करें। इससे उनमें खाली समय में व्यस्त रखने में मदद मिलती है।
- कभी–कभी समय निकालकर बच्चे को साथ में लेकर भोजन या भ्रमण के लिए घर से बाहर जाएँ।
- कभी–कभी अभिभावक का नाराज होना या निराश होना स्वाभाविक है। लेकिन उन्हें अपना क्रोध बच्चे पर नहीं उतारना चाहिए। आपका अपने बच्चे के साथ आपसी संबंध का अच्छा होना अति आवश्यक है, जिससे आपका बच्चा आपके कभी–कभी क्रोध आने को सही नजरिए से देख सके। आपको भी क्रोधित होने का कारण अपने बच्चे से बाँटना चाहिए।
- जब आपका बच्चा अपनी तलाकशुदा माँ से मिलने जाने वाला हो तो वह क्षण अत्यंत नाजुक होता है। उसकी माँ के बारे में कुछ भी गलत कह कर उसके मन में उसकी माँ के बारे में विद्वेष का भाव भरने की कोशिश न करें। बल्कि उसकी माँ के बारे में कुछ तारीफ करें। उसकी माँ से अच्छी तरह से पेश आने की नसीहत दें। इसका आपके बच्चे पर जादू के समान प्रभाव पड़ेगा।
- अनेक अभिभावक ऐसे हैं जो अपने बच्चे का सहयोग पाने के प्रयास में सफल नहीं हो पाते। क्योंकि उन्हें पता भी नहीं होता कि उनकी टीका–

टिप्पणी तथा नकारात्मक विचार के कारण उनके बच्चे कितने अनुशासनहीन एवम् जिद्दी हो गए हैं। ऐसे परिवारों में अकेला पति या पत्नी या तो दबाव में जीते हैं या उन्मुक्त महसूस करते हैं। यह इस बात पर निर्भर होता है कि उसका व्यक्तित्व एवम् सोच कैसे है। कोई संयुक्त परिवार को सहायक मानता है, तो कोई अभिशाप। अभिभावकों को यह समझ लेना चाहिए कि उनके बच्चे संयुक्त परिवार में रह कर समाज में घुलना–मिलना सीखते हैं।

सहोदर भाई–बहनों के झगड़े

आपसी ईर्ष्या तथा नकारात्मक प्रतियोगिता सहोदर भाइयों या बहनों में झगड़े का कारण होता है।

ऐसा क्यों होता है?

अक्सर नया भाई/बहन के पैदा होने पर उससे बड़े में तीव्र ईर्ष्या दिखाई देता है। कारण होता है माता–पिता का नए जन्मे बच्चे के लिए पहले बच्चे के प्रति प्यार का खिसकना। माता–पिता उम्मीद करने लगते हैं कि बड़ा बच्चा अपने नए जन्मे भाई/बहन का ख्याल करेगा, क्योंकि वह बोलने या अपना काम करने में अभी असमर्थ है। उसके समर्थ होने के बाद भी माता–पिता हर समय बड़े भाई/बहन को डॉटते रहते हैं कि तुम बड़े हो, अतः छोटे का ख्याल रखना चाहिए। अगर एक ही चीज के लिए दोनों जिद करते

हैं तो माता–पिता बड़े बच्चे को छोटे के लिए छोड़ देने का दबाव डालते हैं। यहीं से बड़े बच्चे के मन में छोटे के लिए ईर्ष्या का प्रादुर्भाव होता है जो जीवन भर चलते रहता है।

एक माँ अपने दो बच्चों के झगड़ते रहने से परेशान होकर मेरे सामने मुँह लटका कर बैठी थी। कहने लगी, "दोनों बच्चों की लड़ने की आदत से मैं थक गयी हूँ। छोटे भाई से झगड़ते समय बड़ा भी अपने को उसी के बराबर उम्र का बन जाता है।"

वह पूछती है, "इसका क्या समाधान है?"

अभिभावकों, इस समस्या से बचने के लिए आपको नए शिशु के आगमन से पूर्व ही पहले बच्चे से बात करनी चाहिए। उसे समझाएँ कि कैसे आपको आने वाले बच्चे की हर जरूरत का ध्यान रखना होगा, और कैसे वो बड़ा होकर बड़े बच्चे का सबसे अच्छा मित्र साबित होगा।

दूसरा उदाहरण एक आठ साल की बच्ची, ट्विंकल, का है। वह बहुत तनाव में लग रही थी। उसका कहना था, "जब मेरा भाई नहीं पैदा हुआ था, मेरे माता–पिता मुझे चूमते थे, आलिंगन में लेते थे। अब वे ऐसा केवल मेरे छोटे नवजात भाई के साथ करते हैं। अब मुझे अलग बिस्तर पर सोना पड़ता है। माता–पिता के साथ बिस्तर पर मेरी जगह अब नवजात भाई ने ले ली है। लगता है कि माता–पिता अब मुझे प्यार नहीं करते हैं, उनका प्यार मुझसे हट कर छोटे के

पास चला गया है। ऊपर से वे हमेशा मुझे छोटे भाई का ध्यान रखने के लिए उपदेश देते रहते हैं।"

लेकिन ट्विंकल के माता–पिता का कहना है कि वह अब बड़ी हो गई है। अत: उसे बड़े हो गए बच्चे की तरह व्यवहार करना चाहिए। वे लोग अब भी उसे उतना ही प्यार करते हैं। लेकिन उसे लगता है कि हम पक्षपात करते हैं जिसके कारण वह अक्सर हंगामा करती है, झनक–पटक पर उतारू हो जाती है।

माता–पिता अनचाहे में दो सहोदरों में कटुता पैदा कर देते हैं जिसके कारण दोनों में हमेशा झगड़ा होते रहता है। उनमें परस्पर ईर्ष्या का भाव पनप जाता है। अत: माता–पिता को सचेत रहना पड़ेगा कि किसी भी हाल में एक के प्रति झुकाव या पक्षपात न हो, और दोनों के संबंध में दरार पैदा ना होने पाए।

■■■

6

पढ़ाई से संबंधित तथ्य

कुछ अभिभावक बच्चे पर पढ़ाई में अच्छा करने के लिए गैर वाजिब दबाव बनाते हैं, चाहे उसमें क्षमता का अभाव क्यों न हो। असल में माता–पिता का बच्चे से उम्मीद करना स्वाभाविक है, परन्तु यह उसकी क्षमता के अनुसार होना चाहिए। अगर बच्चे का स्वाभाविक झुकाव किसी खास विषय से हो परन्तु माता–पिता अपनी पसंद थोपना चाहते हैं, तो परिणाम बहुत बुरा हो सकता है। उसका मन पढ़ाई से उचट सकता है। अगर माता–पिता सोचते हैं कि कोचिंग या प्राइवेट ट्यूटर से बच्चे की क्षमता बढ़ा सकते हैं तो वे सावधान हो जाएं। असली ज्ञानवर्धक उसमें ठूंस कर नहीं हो सकता है। वरन् उसमें लगन एवम् स्वाध्याय, ज्ञान अर्जित करने की आंतरिक भूख होनी चाहिए। पढ़ाई से युद्ध करना, कठिनाइयों पर विजय प्राप्त करना ज्ञान अर्जन का तरीका नहीं हो सकता है। आज के जमाने में बच्चे को तीन वर्ष की आयु में ही माता–पिता स्कूल भेजना शुरू कर देते हैं। बच्चा इसी आयु में सीखने का दबाव झेलता है। उसे अक्षर तथा राइम रटने को कहा जाता है। अगर वह नहीं कर पाता है तथा अन्य बच्चों से पिछड़ता नजर आता है तो माता–पिता

अपमानित महसूस करते हैं। इस प्रकार की प्रतिक्रिया एवम् उम्मीद करना अवांछनीय है।

सीखने का सही तरीका गलती करना व सीखना भी है। बच्चे को प्रयास करने दे, भले ही उसका प्रयास सफल ना हो। इसी से उसमें प्रयास की भावना आएगी। उसे सुरक्षा दें, मगर जरूरत से अधिक सुरक्षा उसे सीखने से रोकेगी, उसके विकास में बाधक होगी। एक कीड़े (इल्ली) से तितली तब तक नहीं बनती जब तक संघर्ष द्वारा उसके पंख विकसित नहीं हो जाते।

क्या आपने कभी ध्यान दिया है कि एक छोटा बच्चा अपने पसंदीदा गाना या कार्टून के गीत को बिना गलती के गा लेता है? ऐसा क्यों होता है? क्योंकि वैसा करने का उस पर किसी का दबाव नहीं होता है, वरन् उसे पसंद है इसलिए होता है। व्यक्ति में देख कर या सुन कर सीखने की स्वाभाविक गुण होता है क्योंकि वह स्वभाव से कुछ जानने की जिज्ञासा रखता है। तभी तो एक बच्चा दूसरों को बोलते सुन कर बोलना सीख लेता है–इसके लिए उसे अक्षर, व्याकरण नहीं सीखना पड़ता है। वह स्वाभाविक प्रक्रिया तथा गति से कुछ सीखता है, न कि आपके दबाव से। हरेक बच्चा एक दूसरे से अलग होता है, अत: एक ही मापदण्ड से प्रत्येक को नापना गलत है। माता–पिता समझते हैं कि वे तय करेंगे कि उनके बच्चे को क्या करना चाहिए, क्या पढ़ना चाहिए। वे बच्चे को विकल्प ही नहीं देना चाहते कि

वह अपनी पसंद तथा क्षमता के अनुसार कुछ करें। ऐसा करने से बच्चे की इच्छा, आकांक्षा उसके अन्दर दब कर रह जाती है और उसके अन्दर जन्म लेता है क्रोध, हताशा – जिसका बाद में उसके जीवन पर विनाशकारी दुष्प्रभाव पड़ता है।

याद रखें, अंक ही सब कुछ नहीं होते। सच्ची शिक्षा रटकर अंक लाने से नहीं, विषय को समझने से प्राप्त होती है।

कुछ सुझाव:–

- बच्चे को उसका बचपन जीने दें। उसे स्वाभाविक गति से बड़ा होने दें।
- अपने को बदलें–यह आपकी हार का द्योतक नहीं होगा।
- बच्चे की स्वाभाविक जिज्ञासा को प्रोत्साहित करें।
- बच्चे के सुझावों का सम्मान करें। उसे भी सम्मान दें।
- एक विशेष अभिभावक बनें। नकारात्मकता से मुक्त रहें।

अभिभावकों! आपका आज का त्याग कल की मुस्कान साबित होगा।

■■■

परिशिष्ट

बच्चों की सही देखभाल के तरीकों के बारे में आजकल के अभिभावकों की जिज्ञासा बढ़ी है। इस विषय पर अपनी अनभिज्ञता को बिना झेंप के स्वीकार करने के लिए तैयार दिखते हैं। जब उनका बच्चा नकारात्मक रूप से व्यवहार करता है, तो उनको जानना आवश्यक है कि वैसे परिस्थिति से कैसे निबटना चाहिए।

1. उन्हें एक डायरी रखनी चाहिए, जिसमें बच्चे के व्यवहार करने संबंधी घटनाओं को नोट कर सकें। प्रत्येक घटना पर अपनी प्रतिक्रिया को भी नोट करें। जैसे आपने क्या किया—उसके गलत व्यवहार को अनदेखा किया, चुप रहे, क्रोधित हुए, गुस्सा पी गए, शारीरिक दण्ड दिया, समझाया–बुझाया था, अपनी पत्नी को उसे संभालने के लिए कहा?

2. जिस समस्या से आपका बच्चा जूझ रहा है उसका आप क्या करते हैं?–

   उसे डाँटते हैं, उस पर दोष मढते हैं, अन्य बच्चे से तुलना करते हैं, या उसकी समस्या सुनकर तथा

उससे वार्तालाप करके सुलझाने की कोशिश करते हैं या किनारा करते हैं, बाद के लिए टाल देते हैं?

3. बच्चे की इच्छा जैसे भ्रमण पर जाना, आदि पर आपकी क्या प्रतिक्रिया होती है?

   क्रोधित होकर चिल्लाते हैं, उसके पढ़ाई में अच्छा नहीं करने के लिए दोष देते हैं, बहाना बना कर टाल देते हैं, आदि?

4. स्कूल से आने वाली शिकायतों पर आपकी क्या प्रतिक्रिया होती है? जैसे—

   बच्चे को पीटते हैं, डाँटते हैं, उससे बात करना बंद कर देते हैं, उसे पाकेट–मनी/सुविधा से वंचित करते हैं, या टीचर से मिलकर समस्या जानने की कोशिश करते हैं?

5. बच्चे के नापसंद भोजन पर नाक–भौं सिकोड़ने पर आपकी क्या प्रतिक्रिया होती है?

   उसे जबरदस्ती खाने पर विवश करते हैं, डॉटते हैं, परवाह ही नहीं करते हैं?

■■■